포레스트 웨일 공모전 1회 수상작

만약 언젠가 너를
신경 쓰지 않는
나란사람에 나날이 온다면

하다니엘 지음

FOREST
WHALE

차 례

챕터1. 나란 사람

고갈 - 1	⋯ 7
우리들의 사춘기 - 2	⋯ 11
바래옴의 꿈결 -일장춘몽- -3	⋯ 15
발걸음 -4	⋯ 19
네 곁에 있어 - 5	⋯ 23
재능 - 6	⋯ 27
맞이하는 새벽녘 - 7	⋯ 31
바람이 불어와요 - 8	⋯ 34
우리들의 모험 - 9	⋯ 38
별 그림 - 10	⋯ 42
마침표 - 11	⋯ 46
노을의 밤 - 12	⋯ 50
시간과 나날 - 13	⋯ 54
모래성의 왕국 - 14	⋯ 58
떠나보낸 이에게는 닿지 않기를 - 15	⋯ 62
파도 - 16	⋯ 66
어머니 - 17	⋯ 71
하루와 하루 그 사이 - 18	⋯ 76
내가 진정으로 원했던 건 - 19	⋯ 80
마음에도 별이 있다면 - 20	⋯ 84

챕터2. 사랑

만약 언젠가 너를 신경 쓰지 않는 나날이 온다면 -1	…89
꽃말 - 2	…93
밤, 사랑이 내릴 때 - 3	…97
철부지 -4	…101
부러움이라는 감정 - 5	…105
내 두 글자 사랑 - 6	…109
시작하고 싶지 않은 그것, 사랑이었다 - 7	…114
모르겠어 - 8	…118
메리골드 - 9	…122
향수를 구매하다, 밤하늘을 수놓다 - 10	…126
오고가는 파도처럼 - 11	…130
무뎌진 꽃 - 12	…134
그렇게 찾아오는 것 - 13	…137
너의 느린 우체통 - 14	…140
호감주의보 - 15	…144
단 한 순간만이라도 - 16	…148
나와 같다면 - 17	…153
몽환 - 18	…158
표현 - 19	…162
새로운 시작 앞에서 - 20	…165

챕터3. 삶

슬픔 행성 - 1	⋯ 170
밤의 장송곡 - 2	⋯ 174
수채화 풍경 그 사이 - 3	⋯ 177
살아가는 이유란 - 4	⋯ 181
추억과 사람 - 5	⋯ 185
불금 - 6	⋯ 189
하얀 거짓말 - 7	⋯ 193
불꽃 - 8	⋯ 197
마음 누울 곳 - 9	⋯ 200
나의 벚꽃잎 - 10	⋯ 203
그런 마음 - 11	⋯ 207
4월은 너의 거짓말 - 12	⋯ 211
나무 - 13	⋯ 216
눈치 - 14	⋯ 219
도시의 밤 - 15	⋯ 222
바보 - 16	⋯ 225
세월 - 17	⋯ 228
우주가 보이는 창문 - 18	⋯ 231
그런 것들 - 19	⋯ 234
빛이 나는 과거 - 20	⋯ 238

챕터1.

나란 사람

고갈 - 1

아무것도 없는 종이 위에
그림과 색을 더하면 이야기가 된다

그림 따라 변하는 모습처럼
그림 따라 변하는 표정

바라고 싶은 것들이 많아서
표현하고자 하는 것들도 늘어만 간다

다 타올라 심지만 남은 식어버린 연탄
그 뜨거움을 품었던 것은
식어버린 연기가 알고 있을까

하나만을 바라보고서 타올라 버리는
하나밖에 모르는 그런 연탄이다

뜨거움을 전부 내뱉었으니
식어버린 잔불로 그려내겠다

모쪼록 못난 이야기지만
그래도 밤을 빛내며 기다리는
낮 동안 불 피워낸 연탄들이라서
밤 동안에도 뜨겁게 피울 수 있다

종이 스치는 소리와
글을 써가는 소리가

공명하여 연주되어 간다

말로써 이룰 수 없으니
그림으로써 이룬 세상을

그림으로는 알 수 없으니
이야기가 담긴 글들을

곱게 접어 비행기 만들어
하늘에 닿을까 실어 보낸다
유리병 편지처럼
저 하늘의 바다에
둥둥 실어 가는 말소리

그래 바다는 바다에만 있는 것이 아닌가 보다
그래 바다는 저 하늘에도 흘러가고 있어서
바다를 유영하는 물고기처럼
구름 되어 유영하는 하늘 고래

이야기의 불꽃이란 꺼질 줄을 모르니까
이야기의 온도는 좀처럼 식을 일이 없다

기다림을 아는 마음이라서
어린아이와도 같은 순수함의
목매어 기다림을 알고 있다

그래서 적어본다
글이 움직이지 않아도

단지 마음을 수놓을 수는 있으니까
밤하늘이 도화지라면
별이라도 하나 더 그리겠다

단지 소망이라도 이루어지게

밤하늘이 도화지라면
달이라도 하나 놓아주겠다

단지 밝게 빛나 희망을 안겨주도록

그래서 종이는 스쳐 지나간다
그래서 글들은 써 내려간다

멎을 새 없이 흘러간다

우리들의 사춘기 - 2

영문도 모른 채로 그저 방황한다
살아가는 것과 죽어가는 것

그 차이를 저울질하면서
알 수 없는 아픔이
마음을 타고 전해오는 걸 느낀다

이전에는 생각지 못한 생각들
어째서 지속되는 것인가를

방황하는 것은 생각뿐만이 아니라
나의 마음도 그러한 것인가 보다

혼란으로써 흔들리는 것은
나의 마음도 역시 그러했기에

말도 전하지 않았는데
누군가는 알아주었으면 해서

나의 아픔을 들어줄
또 다른 아픔을 찾아갔다

너 역시도 나만큼
나 역시도 너만큼

아픈 것이라 아파진 것이라
서로를 끌어안았다

이어지는 청춘으로 그려진
수평선 위의 감정들은

손이라도 맞잡은 듯
서로의 표식으로 남겨지고

삶과 삶이 아닌 것 둘의 고민에서
그저 나와 같은 너로 살아간다고
그러한 생각들로 잊어버린다

어쩌면 중요하지 않을지도 모른다고
그러한 생각들을 했었다

이 세상에 미련이 없으니
존재하지 않아도 된다는

어쩌면 외면하였는지도 모른다고
그러한 생각들을 해본다

이 세상이 남겨주는 부담감에
그런 생각을 하지 않은 시절로

돌아가고 싶다고 그렇게

그 부담감을 견뎌낸 것은
나의 마음가짐이었는지

어쩌면 혹은

그 부담감을 이겨낸 것은
나와 같은 네가 있었기 때문인지

잘은 모르겠다
그저 잘은 모르겠다

그래서 너 떠나는 날에는
별것도 아닌 나의 마음들이

그렇게나 나를 아프게 했다
그렇게나 나를 힘들게 했다

전에는 생각지 못한 생각들이
다시금에야 찾아온 생각들로

그렇게나 나를 아프게 했다
그렇게나 나를 힘들게 했다

나와 같은 너를 바라볼 수 없어서
나와 같은 너는 또, 다시는 없어서

여전히도 노을이 지나는 밤
사계절의 봄을 간직한 마음은

이제는 추운 겨울로써
그렇게만 살아간다

아직 지나지 못한 사춘기를 겪으면서

바래옴의 꿈결 -일장춘몽- -3

나는 꿈을 꾸었나 보다
한 줌 손에 쥐고도 바스라져 사라질

못다 한 이룬 꿈들로 손바닥으로 쥐고서
꾸지 못할 꿈을 꾸었나 보다

한낱 이루지 못할 꿈결이란
내가 바래온 무엇인가와 닮아 있어서

꿈을 꾸고 나서도
다시 꿈을 꾼다

조각결 숨결 닿지 못할
내쉬는 한숨마저 자그맣게

별빛이 되어 닿아가기를
또한
별빛이 되어 닮아가기를

소망한 나의 춘몽 속에는
꿈은 꾸었어도 내가 없으니

비관한 슬픔의 무게 속에는
애달픔에 고요한 늑대가
달과 함께 울었을 뿐이다

소명이 있다면 그래도 된다면
나는 바스러진대도
언젠가는 사라진대도

그 바스러짐의 시간 동안
이야기로써 춤을 수놓고 싶다

하나의 언어에, 하나의 문장에
그리고 하나의 단어 속에

삶과 기억을 횃불 놓아 불태우고서
곧 나지막이 사라져간대도
재가되어 남겠다

나의 스러짐을 모르는 춘몽이라

춘몽 역시 사라지게 둘 수는 없어서

손을 움츠려 감추어본다
안될 줄이나 알면서도

만월 그 달밤을 가리는 모습으로
모래시계 속 모래들처럼 흩어지는
꿈속의 밤들을 가려볼 뿐이다

이제 와 못다 한 꿈들을 말한들
다 지나고서 그 꿈들을 만한들

어찌하고 또 어찌하겠으나

세월에 가려질 모습이 두려워서는
잊어도 잊지 못할 꿈이라도 되라고
한낱 춘몽이 되어 나타났나 보다

어디로 가야 이 달이 차오르겠소
어디로 가야 이 몸이 사라지겠소

알고서도 모르는 듯 물어보는 나의 대답이

더욱이나 애처롭게 들렸던 것은

나는 꾸지 못할 꿈을
그렇게나 꾸었기 때문이다

바라보지 말아야 할
헛된 것이라도 본 것처럼
덧없는 꿈으로 한단지몽이어도

바래고 또 바라옴에
그로 하여금 잊지는 않으리

꿈결에 바스러지는 소망이래도
나의 소망이기에 꿈을 꾸었고

조각결되어 사라지는 소원이래도
나의 소원이기에 꿈을 꾸었으니

다 바스러져서 조각되고 꿈결로만
사라져도 나는 좋으니

일장춘몽으로 나는 꿈을 꾸었다

발걸음 -4

뜻할 것 없이 오늘도 바람은 불어오고
하루는 매일을 지나 사라져가며

비와 눈은 때때로 내리기도
혹은 그저 지켜보기만 하면서 시간은 지나가오

나는 더 나은 사람이 되었소

언젠가 약속했던 헤아리는 사람
마음을 헤아릴 수 있으려고

나는 더 나은 사람이 되었소

알면서도 가끔은 모른 척하던 사람
그러면서도 방법을 몰랐으나

이제는 더 나은 사람이 되었소

스쳐 지나가는 나그네도

길 위의 어르신들도

스쳐 갈 뿐인데 지나갈 뿐인데
이제는 내게 말로 피워낸 꽃을 선물하오

두려울 것 없이 걷는 걸음
무서울 것 없이 나아가는 걸음일지언데

걸음걸이 하나하나마다 바라는 것은 있사온데
걸음걸이 하나하나마다 바라는 것이 없어서

걸을 뿐이오, 또 걸어갈 뿐이오
하루도 걷고 열흘도 걷고 보름과 그믐을 넘어서
걷다 보면 결국에도 없기에 나는 계속해서 걸었소

밤하늘은 무너지고
달마저도 조각되어
머리 위로 내리는데
이내 찾는 것은 어디에도 없어서

세상은 건재할 지언데
나의 세상은 무너져내려

갈 곳 없는 이방자처럼 세상을 떠돌아다니오

구천을 떠도는 듯 또한
풀리지 못한 한이 맺힌 듯

영혼 없는 인형처럼 그저 걷기만을
비탈길 따라 굴러가는 수레바퀴처럼
그저 나아가기만을

어찌하면 좋겠소?
어찌해야 하겠소?

대답 없을 질문에 부름만 날려 보낸들
나아질 것은 하나 없는데

활시위를 잡아당겼다 놓으면
날아가는 저 화살이

언젠가는 닿을까 매일 같이 날려 보낼 뿐이오

달빛마저 꿰뚫은 채로
은빛 조각을 흩뿌리며 떨어지는

화살의 궤적

오늘도 그 흩뿌려진 궤적 따라 이어가는 발걸음의
그 끝에서는 혹시라도 찾던 것이 있을까

밤과 낮을 이정표 삼아 걸어갈 뿐이오
그저 걸을 뿐이오

네 곁에 있어 - 5

나는 소년이었다
애닯지도 않은 애닯음으로
지나가는 빛의 파편 속에 글 놓아보지만

이내 돌아오는 것은 허무 외에는 없음을
소년은 깨닫고 깨달았다

그대는 소녀였다
무엇보다 눈에 띄는 백조가 되어
바람 물결에 흘러갈 터였으나

결국은 백조가 되어가고 싶은
다른 무언가이었을 뿐이다

상처로 이루어진 상처들이 만나
덫에 덫을 놓는다

꽃은 개화 없이 피어났고
새싹은 씨앗 없이 돋아난다

봄날의 태양빛처럼
중요하지 않은 것 같다고 생각한
중요한 것들이 생략될 때쯤

너와 나는 그것을 사랑이라고 새겨놓았다

언제든 무너질 마천루
꿈에 꿈을 섞어놓은 건물 숲 사이로
위태롭게만 서 있다

분명하고도 확실한 것은
하나가 무너지면 모든 것들도
줄줄이 무너질 터인데

알면서도 외면할 수밖에 없었다

사랑이라는 이유로

나는 소년이었고
그대는 소녀이었기에

용서할 수도 없는 것들을 용서하고 말았고
수많은 것들이 용서라는 이유로 지나쳐갔다

지나쳐 간 모든 것들이
마천루의 한 부분, 한 부분들을 갉아먹을 때

사랑이 아닌 다른 것들이 보이고
그것을 깨달은 서로는 이미 더 이상 사랑이 아니었음을

소년과 소녀는 성숙한 어른이 되어야만 했다

"시간"이라는 이유로 사랑을 마다하고
"피곤함"이라는 이유로 사랑을 마다하고
"돈"이라는 이유로 사랑을 마다했다

그것들이 사랑보다 중요하게 되었다는 것을
그렇다는 것을 알게 된 후로는
사랑이 사라지고 말았다

이내 돌이킬 수도 없이 깊은 심연 속으로
아무리 바란 들 다시는 그 밧줄을 잡을 수 없는데도

중요한 것들을 모두 다시 누리고 나서야
가장 중요한 것을 놓쳐 손만 그저 움켜쥐고 말았다

소년은 그저 "공허"였다
무엇인가가 있었고 있어 주었고 함께하였는데
이제는 무엇은 있어도 아무것도 없다
그렇게 소년은 저물어갔다

소녀는 그저 무언가였다
누군가의 백조가 되었으며 단지 있어 주는 것만으로도
무엇인가를 나누고 또 돌려줄 수 있었는데
이제는 아무것도 나눌 수도 내어줄 수도 없는 무언가였다
그렇게 소녀는 가라앉아만 갔다

재능 - 6

곰곰이 생각해 보다가 그런 결론을 남겼다
재능이 있을지도 모른다고

그것이 재미는 없어도 또 관심도 없어도
남들이 가지는 나의 재능의 관심에 비례해서는
나의 관심 역시 올라간다

그냥 한 것뿐인데 좋은 소식이 들려서
그냥 한 것뿐인데 좋은 말들이 불어와서

그래서 관심을 가져본다
그래서 심혈을 기울여본다

그 소식을 하나 더 듣고 싶어서
그 말들이 조금 더 불어오면 해서

커져가는 말들만큼이나
커져가는 듣거나 불어왔으면 했던 마음이

하고 싶었던 것, 그리고 바라던 것에서
해야만 하는 것, 기대에 부응해야 하는 것으로

그냥 하던 것, 그냥 해오던 것에서
의무감에 해왔던 것이니까, 돌이킬 수 없다

라는 이유들로 장미덩쿨되어
나를 감싼다 내 몸을 감싼다

가시들에 찔리고 베이고 피를 흘리는데
그 누구도 장미꽃 아래에 갇힌 나는

아무도, 어느 누구도 보지 않는다

아프다 또 아파온다
그렇게나 아픈데

알아주는 이 하나 없는 것이
그렇게나 모질게도 아파와서

비워진 마음속에 밤하늘만이 스며든다

달빛 기우는 모습 따라
나의 잔 역시 기우는데
그 모습 역시 알 길이 없겠지

해오던 것처럼 해야 하고
해왔던 것처럼 해야 하고

해내야 하고, 멈추지 않아야 하고, 이어져야 하고,
또 언제나 초심으로 언제나 조심을 해야 한다

악의의 비평을 담은 탄환이 장미꽃을 스쳐 갈 때면
타들어 가는 탄환이 가시에 갇혀진 나를 꿰뚫으니까

그저 아무렇지도 않은 사람처럼
내가 아닌 나를 만들어 그 자신으로 하여금

나의 기대가 아닌 그대들의 기대를 채우려
"재능"이라 불렸던 것을 행하려 걷는다

아무도 이해할 리 없고 아무도 생각할 리 없다
그것으로 하여금 알려지고 인정을 받는다 한들

그 속에 가려진 어린 모습의 사내 혹은 누군가를
인정하거나 이해하지 않는다

그러니 나는 나를 떠나보내야 하겠지
그래야 그대들이 나를 이해할 터니까

맞이하는 새벽녘 - 7

불어오는 새벽녘의 동이 트는 아침을
맞이한 적이 있던가

고요한 새벽의 그 끝
보일 듯 보이지 않는 시간선을 따라서

달리고 달려서 도착한 또 다른 한 바퀴의 시작

본 것들을 후회가 되는가 아니면 미련이 되는가
느껴온 것들은 아쉬움이 되는가 아니면 슬픔이 되는가

조각들을 맞추어 본다면 아름다움이었으나
조각 하나하나는 추한 것들의 집합체였다

발버둥 쳐야만 했다
무엇 때문인지도 모른 채

열심히 그리고 또 열심히여만 했다
스스로 정하지 않은 목표가 매일 따라다닌 채

유영하듯 돌아보는 쳇바퀴의 굴레 속에
결국은 쳇바퀴임을 깨닫기를 부지기수

이제는 무엇 때문에 그러하였는지도 모르겠다
이제는 무엇을 위해 그러하였는지도 모르겠다

무엇 때문에 사흘 밤낮을 숨을 죽이며 고민한지도
무엇 때문에 보름 동안 그것에 걱정한지도

결국은 지나가고 나니 별거 아니었다는
어르신들의 말이 지나치게 맞았던 것이다

알면서도 지나치게
알면서도 외면한 채

눈앞의 헛것이라도 좇은 채

종소리는 깊어만 가는데
그 울림 따라 나는 울기만 하네

방향도 알지 못한 채
눈물로 지새는 길 위를 걸어가고

그 수면 위를 잠재울 고독한 우울감으로
무엇이든 참아가며 나아간 것이다

동은 터 오는데
나는 길을 모른다

헤맨 끝에서 맞는 태양을 바라볼 뿐
그 무엇도 하질 않는다

다시 돌아본 그 굴레는
이리도 아름다웠던가

꽃의 모습도, 풍경의 모습도
동이 트고, 지고
사람들이 웃거나, 울고

"이리도 아름다웠을 줄이야"

바람이 불어와요 - 8

불어오는 계절에는
바람이 불었으면 좋겠습니다

향기로 꽃망울이 피었으면 좋겠고
꽃향기에 취해보는 것도 좋겠습니다

저녁노을을 바라보며 하루를 맞이하는 것도 좋고

높은 옥상 위에 드러누워서는
바닥을 벗 삼아 하늘을 보는 것도 좋겠습니다

사람들은 언제나 걸어갈 것이고
길 위의 차들도 언제나 나아갈 것입니다

언제나 오늘처럼
내일은 항상 찾아오지 않아도
언제나 내일을 기다릴 것이고
그럼에도 오늘은 항상 찾아올 것입니다

나는 아직 변한 것이 없으나
다른 이들을 알고 있습니다

이미 많은 것이 변해갔고
또 변할 것이라고

그럼에도 저는 항상 어제와 같고
늘 오늘 같을 것이라고 나는 말합니다

여전하게 아직도 어린아이의 장난들을 생각하고
그 장난들을 치면서 노는 걸 좋아하고 또 웃습니다

아직도 처음 즐겼던 놀이들을 잊을 수 없고
그래서 때로는 놀이를 같이 즐길 친구들을 찾곤 합니다

그러면서 이제는 달라졌다는 남들의 말에도
저는 고개를 저으며 아직도 항상 같다는 말을 전합니다

좋아하는 것은 언제나 좋아하는 것 그대로이고
싫어하는 것은 여전히 싫어하지만 도전할 뿐입니다

아직도 마음의 크기는 어린아이만 한 데
그것을 담는 신체의 크기는 어른이라
저는 성인이라 불리곤 합니다

아직 마음이 다 피어나지도 않았지만
이제는 어린아이처럼 좋아할 수 없고

아직 마음이 다 키지지도 않았지만
이제는 어린아이처럼 싫어할 수도 없습니다

그저 묵묵히 나아가야만 합니다
그저 묵묵히 이겨내야만 합니다

그런 걸 어른이라고 말하고
그렇게도 다들 힘들어합니다

아직도 여전히 어머니의 품에 안기고 싶으나
이제는 그 품이 너무나도 작아졌습니다

아직도 여전히 힘이 센 아버지와 장난치고 싶으나
이제는 아버지가 너무나도 약해지셨습니다

영원히 어머니였는데 영원히 아버지이셨는데

나는 그렇게 어린아이의 마음을 가져버린 어른이 되었습니다
아직도 여전히 어린아이 시절의 것들을 좋아하고
아직도 여전히 어린아이 시절의 것들을 싫어하는

어른이지만 어른이라 불리고 싶지 않은 슬픈 어린이입니다

우리들의 모험 - 9

모든 곳이 놀이터이던 우리
어디든 모험이 가득하고
어디든 설렘이 가득해서
매번 여행이다

고요한 듯 가득 채운 숲의 소리와
알 수 없는 모험이 가득한 뒷산
숲속을 걷고 걸으며
나뭇잎 사이로 비치는 햇살은
어서 오라며 반겨주는 듯했다

숲 사이로 나무가 보이고
나무 사이로도 나무가 보이는
온통 나무와 초록 가득한 공간
그 공간에선 우린 매번 다른 것을 보고
매번 다른 곳을 여행을 하였지
마치 처음이라도 가본 것처럼

같이 장난이라도 치고 싶은 다람쥐는
여기저기서 뛰어다니고

같이 놀고 싶었던 새들은
한껏 자신만의 노래를 뽐냈다

강물과도 같은 것들이 흐르는 곳은
비밀 장소이자 보물 같은 장소

보물이라도 찾은 듯 기뻐하고
금의환향이라도 한 듯 웃었다

나뭇가지 하나 줍고선
무예의 달인

돌멩이 몇 개 줍고선
물수제비 놀이

바닥의 나뭇잎 흔적 따라
그냥 걷기도 하고

그냥 그곳에 숲이 있으니까
그냥 그곳에 가서
이야기하고 고민하고 웃었다

걱정거리 하나 없이
약속이라도 한 듯
먼저 가 있거나
먼저 와 있거나

우리도 나무와 나무 사이에
모험이라는 마음을 심어두어서

그 나무를 찾는 여행을 떠났나 보다

언젠가 다시 그 나무 밑에서 만나
모험을 다시 찾기로 했는데

이제는 무엇도 하나 신기하지도
재미있지도 않은 아쉬운 마음

그 시절에는 무엇이라고 그렇게도 웃었는지
그 이야기로 꽃은 피워 낼 수 있었는데

그 나무는 이야기할 수가 없는 게
너를 떠나보내야 해서 그랬나 보다

모험이란 것도 언젠가 끝이 나니까
이제는 낭만으로만 간직해 본다

언젠가 또다시 시작될 모험이라면
꼭 웃으며 다시 바라볼 마음이라서

별 그림 - 10

기약 없는 기약들에
별로 부친 기약들은

어느샌가 저 별과 별에 맞닿아
무엇 하나 없던 밤하늘에
그림 그려 수놓는다

그림 하나하나마다
사연 하나하나가 있고

그림 하나하나마다
그리워하는 이 하나하나가 있다

하나는 저 별이오
내가 그리던 님이고

하나는 저 별이오
나의 님이 그리던 나이다

둘째는 저 별이오
그대들의 꿈이 담긴 것이고

둘째는 저 별이오
꿈과 꿈으로 이어진 인연들이다

언젠가 별들로 여행을 떠날 때가 오면
별들이 말을 해주겠지
별들이 이야기 건네주겠지

끝없는 도화지 위에 놓인
수많은 별들로 하여금

수도 없이 가득한
나의 별, 그대들의 별, 우리들의 별

그리운 만큼 이루고 싶은 만큼
별이 되어 빛났을지도 모르겠다

아주 먼 훗날에도
별이 되어 다시 만나고

아주 먼 훗날에도
별을 그리며 다시 만나고

만나고 만나며 나날들을 기리겠지만

분명 다시 아무것도 모르고
분명 다시 아무것도 기억하지 못한 채

별들을 그리고
별들을 세어 가고
별들을 이어나가
별들을 그리겠지

잠깐이라도 좋으니
별똥별의 기적처럼 스쳐 지나간대도
별들을 알게 되면 좋으련만

야속한 속마음들을 아는지 모르는지
그저 더 밝은 빛으로 빛나는 듯한
그런 별들

아마 또다시 여러 이야기들을 품고서
별들을 기리겠으나

오늘은 그저 이렇게
강아지풀같이 보드랍고 간지러운 바람
뺨을 타고 스쳐 갈 때에

기분 좋은 선선함으로
모든 것이 어두운 밤
그 위에서

별들을 세고 그려야지
그렇게 세고 그리다 잠에 들어야지

마침표 - 11

모든 것에는 마침표가 중요하다

가벼이 시작하는 것들이나
무겁게 시작하는 것들 모두

처음이 있으니까 마지막이 있고
시작이 있으니까 끝맺음이 있다

시작은 언제나 가벼운 발걸음으로 다가와서
설렘, 기대 그리고 즐거움을 품 안에 안겨준다

그리고 나서 시작과 끝맺음 그 사이에는
중간 혹은 중단이 맞이한다

누구나 끝이 있다는 것을 알고 있지만
누구도 끝을 맺고 싶지는 않을 터

그 끝을 멀리하고 가까이하지 않을수록
중단이라는 칼날이 돼서는

앳된 마음에 상처만 입히고

"시작"
바꿔서 말하면
"다시 시작"

그것을 못 하게
아픈 상처만 마주하게 만든다

상처는 다시 또 "다른 시작"
그것마저 두려워하고

그것들에 밀리고 치여서는
어제의 것들만 보고 눈물 흘리게 만든다

알면서도 "시작" 할 수 없고
그것을 이제 도전이라 부르게 되고
나는 여기에 멈추어 서 있다

그러고서는 어렵사리 도전하고서
"시작" 그것만을 못하고 있다

그러나 알고 있으니 두려운 것은
진정 두려운 것은
다시 어제의 것들을 그리워하게 됨이니

걷는다 어제의 것들을 등지고서 앞으로 걷는다

내가 걷는 동안 어제의 것들이 그리워지면
어제의 것들을 다시 돌아본다면

분명 그대가 그리워 나는 당신에게
이야기 건네려, 이야기 들으려

어제의 그대에게 연락할 테니까

분명 그대가 그리워 나는 혹시라도 그대가 읽지 않을까
혹시라도 나를 찾지 않을까

어제의 그대를 그리는 글을 적을 테니까

그래버리고 말아버릴 나는
더 이상 어제 속에 머무르고 싶지 않으니까

중단된 것들에게 "다시 시작" 할 수 있게

점을 찍어 마침표를 남길 테니, 그럴 테니
이제 쉬어가는 쉼표는 그만하고 싶어서

그대는 부디 나의 이야기들을
마주하지 말아주오

그대는 부디 나의 이야기들을
마주치지 말아주오

당신에게 전하는 나의 어제가
영원히 어제로 남아
그것을 낭만이라고 새겨놓을 수 있도록

그 "마침표"로 말미암아.

노을의 밤 - 12

회전하는 노을의 밤
왼쪽에서부터 오른쪽으로
모든 게 쓰러지듯 저물어가고

시간이 느리게 흘러가는 것인 줄 알았으나
주변이 너무나도 빠르게 흘러가는 것이었다

잡을 수가 없다 저 흘러가는 것들을
함께 걸을 수가 없다 저 흘러가는 것들을

저무는 노을의 밤처럼
별들이 기우는데

나 역시도 가야 할 길이 있으나
저 별들처럼 나 역시 기운다

무서울 정도로 흘러가는 것 중에 무엇 하나
머물다 가는 것 없고

무서울 정도로 흘러가는 것들이 너무 빨라서
어느샌가 다시 내 모습을 숨길 수도 없게
야속한 만월이 이 길거리를 비춘다

흘러가는 것들 전부
기우는 것들 전부

어디론가, 누군가에게로, 어디선가
멈추고 피어나는데

나 혼자 이 거리에 툭 하니 쓰러져서는
머물다 간 것들에게 미안함으로 쳐다볼 수 없어
고개 숙여 흐르는 눈물을 숨겨낸다

가만히 멈추어 서서 나 역시 흐르던 것을 떠올린다

따스함 만큼이나 차갑게 느껴지는 것들에 아려오고
행복한 만큼이나 잃어버린 것들만큼 부서져 간다
모르겠다 어째서인가
다시 흐르게 된다면
다시 멈추고 기우는 날이 찾아올 터인데

무엇이든 좋으니 흘러가고 싶다
무엇이든 그렇게 흘려보내고 싶었다

그러나 알고 있다
무엇이든지 아닌 것을
단 하나였기에 흘러갈 수 있었음을

그래서 그 단 하나를 다시 고대할 수 없음을
고대하더라도 자그마한 기적임을

그럼에도 흐르기를 소망한다
그래서 질문을 스스로에게 던진다

어째서 언젠가는 반드시 이별이 찾아옴에도
어째서 사람은 이어지기를 바라는가

그래서 스스로에게 대답한다
그럼에도 대답할 수 없음이지만
달빛에 실어 말해본다

그것은 분명 이로 말할 수 없음이나

그 형태가 무엇이든
이어지기에 웃을 수 있고
이어지기에 울 수 있고
이어지기에 내일을 그릴 수 있으니

라고

시간과 나날 - 13

오늘은 구름이 내려와 말을 걸어요

어느 곳에 그리고 어디에든
투명하게 비추고
투명하게 보여주는

이 빗물을 통해 내게 말을 해
오늘은 슬픈 일들이 있었다고

이미 모든 걸 흘려보낸
그대의 마음들이
다시 투명하게 흘러와

잊어 내고, 흘려 내고
씻어 내고, 덮어 간

그런 줄로만 알았던 내게 말을 걸어

되새기고, 붙여 내고
돌려 내고, 찾아와

남았는 줄도 몰랐던 마음을
점점 걷잡을 수 없게 만들어

뒤도 안 돌아보겠다는 다짐마저 인색하게
지나온 길에 홀로 울고 있는 그대에게로 발걸음을 옮깁니다

깊은 마음을 나눈 만큼
깊은 마음의 시간만큼, 나날만큼

비어버린 마음과 시간과 나날에
그 무엇도 어찌할 수 없는

서로의 사랑이
서로의 슬픔이 되었다는 걸

어쩌면 혹은 아주 어쩌면
그대보다 내가 더 잘 알고 있다고 말할 수 있겠으나

그럼에도 다짐을 이겨가며
우는 그대에게 꽃 한 송이 남기는 나의 까닭은

나는 그대를 처음 본 순간부터 내 생에 마지막까지도
좋아하기 때문에, 좋아할 것이기에

가끔은 이렇게 바보처럼 지켜보고서는
가끔은 이렇게 슬픈 날에 꽃 한 송이 남기고 갈 것입니다

시간과 나날만큼 그대는 나를 밀어낼 것을 알지만
시간과 나날만큼 나 역시도 그대에게 돌아갈 수 없겠지만

하지만 그래도 망설여지거나
고민들로 잠을 이루지 못할 때에는

언제가 되었든 어떻게 되었든
저를 불러주세요

그리고선 우리가 마음을
나눈 만큼, 시간만큼, 나날만큼

그리고 우리가 마음을 못
나눈 만큼, 시간만큼, 나날만큼

혹은 그보다 더
이야기를 들어줄 터이니

어제는 흘려보내고
오늘은 힘껏 울어
내일을 걸을 수 있도록

언제라도 찾아와주세요

나는 흘러내리는 빗물처럼
조용히 그리고 나지막이

잠시 들렀다 흘러갈 터이니

모래성의 왕국 - 14

밀려오는 것들을 받아들이지 못하고
애써 외면하는 시간

받아들여야 함을 받아내지 못하고
애써 태연한 나날

처음 그 끝의 기로에 서 있을 때에는
옥죄어 오는 것들을 풀어낸 줄 알았으나

아니다
오히려 옥죄어 가고 있었음을

그리움과는 거리가 멀었던 나의 나날들에
눈물로 비춰온 어제의 하루들이
나를 옥죄는 화살이 되어 두 볼에 흐르는 눈물을
스치고 지나가 버린다

잡으려 하더라도 잡을 수 없는 저 화살
아프더라도 손이 베이고 찢기더라도

화살 그 찰나라도 잡고 싶어서
두려움과 그리움 가득한 손짓을 뻗어본다

혹시라도 길 위에 떨어진
무수한 화살들 사이에
내가 그리던 눈물 있을까 싶어

길 위의 나무들과 시간들이 손가락질할 만큼이나
찾아댄대도 나는 아무렇지도 않다
결국 부질없고 소용없음을 안다 한들
결국 포기할 수는 없다

그토록이나, 그만큼이나, 그 이상이나
외면하거나 받아들이지 못한 것들을
감당하지 못한 시간만큼이나
더욱 거세게 불어나 버려서

독에 독을 섞어 해독되길 바라는 것처럼
고통을 고통으로밖에 승화할 수 없어서
그래서이기에

시간이 지날수록
또
끝의 기로에 섰던 계절들이 돌아올수록

추억과 기억들은 익숙해지려 하지도 않고
더욱더 그리움이란 날붙이가 되어
내게 깊은 자상을 늘려가는데

이제는 아직 한참은 남았을
새로운 끝의 기로에 걸어가는

그대를 받아들일 수 없어
매일을 초승달에 베여
깊은 눈물을 흘리고

밀려오는 것들과
또
무너져 내리는 것들을

언젠가는 받아야 함을 알고도
받지 못하고선

뜨거운 얼음들을 가슴 가득히 부어
녹지 않는 얼음 사이에서

언젠가 녹아내리기를
그렇게 시간에 녹아내리기를

무너지는 나의 모래성에서
오지 않을 국민을 기다리는 국왕처럼
무너져가면서도 놓아버릴 것들을 놓지 않았다

떠나보낸 이에게는 닿지 않기를 - 15

사랑을 다해서 사랑했노라고
나는 이제 말할 수 있다

눈물을 가리고 웃음을 짓고서
행복만을 안겨주고팠던 나는 바보

최선을 다해 최선이었어도
너는 몰라도 된다

나는 너 없이도 너를 좋아했고
나는 너 없이도 너를 사랑했다

최선 그 후에 남은 건 비애뿐이라
소리 없이 반짝이는 나의 공허가

대처할 수 없는 것에 대한 대처를 찾으려
마음 한켠에 박힌 너와의 시간들을 뜯어내며
나의 푸른빛 심장 속에
선홍빛으로 물들어 간다

밀려오는 시간들을 받고 싶지 않아서 외면
깊게 박힌 시간들을 뽑아내고 싶지 않아서 분노
소중히 간직했던 시간들을 보내며 슬픔
그 모든 것들을 받아들일 수 없어서 웃음

그중에도 강한 것은 분노여라
나와의 시간을 다른 이에게 똑같이 나눠주는 너를 보면
그간의 사랑이 부정을 받는 것만 같아
가슴속의 시간들이 찢겨나가 버린다

더 심한 것은
아무도 찾지 않는 것
아무도 신경 쓰지 않는 것

더 심한 것은
그대가 그러는 것
그대는 상관없는 것

물질적인 무엇인가가 아닌데도
가장 소중히 여기는 것을 잃고
앗아가 버린 그 마음

소중한 사람을 잃었으나
그것이 사랑하는 사람이었기가 아닌
나의 무엇인가 잃고 말아서
공허해져 버린 그 마음

그래 어쩌면 그 모든 분노가
나는 단 한마디를 기다렸었던 걸지도 모르겠다

잃고, 부수고, 깨지고, 미움받고, 상처받고
사랑했음에

잃고, 부수고, 깨지고, 미움받고, 상처받고
좋아했음에

너 없이도 너를 좋아하고 사랑하고

그럼에도 기다려온 것은
그럼에도 추억을 그리워한 것은
'미안하다', '미안했어' 같은 한마디를 듣고 싶었나 보다

나는 아직도 추억을 그리워하지만
나는 이제 와 너를 그리워하지는 않았노라고

추억에 눈물을 흘리며 말할 수 있다

그래 그랬나 보다 단 한마디가
그래 그랬나 보다 단 한 사람의

파도 - 16

내 세상이 무너졌을 때
나는 무너진지도 모르고

밀려드는 홍수를 애써 무시한 채
방의 문
그 하나만 잠가놓고

언제 부서져 밀려갈지 모르는
이 방문에 기대어

나 홀로 앉아
거칠게 춤추는 파도 따라
나의 우울감에, 무력감에

취해 잠 못 드는 이 밤

창밖 너머 바라본
저 밤하늘은 무척이나 고요한데

저 밤하늘을 담은 나의 마음속은
이렇게나 쓸려버린 홍수가 지나간 모습

방문
그 하나만 닫고
모든 걸 견뎌내고

방문
그 하나에 기대어
모든 걸 이겨내려 하고

방문
그 하나로
모든 걸 해내겠다고

이미 무너진 줄도 모르고,
이미 부서진 줄도 모르고

이미 쓸려버려진 줄도 모르고,
이미 그런 줄도 모르고

방문 하나에 기대고
방문 손잡이 하나만을 붙잡고

소리 없이 눈물을 삼켜
내 마음에 호수가 생길 때까지

소리 없이 고독을 삼켜
내 마음에 씨앗이 나무가 될 때까지

참아내고 또 참아내고
쓰러지고 다시 일어나고

아픔을 견디고
공허함을 이겨내고

그럼에도 그 긴 시간 속에도
나의 방문을 열지 않는 것은

나의 거친 파도가 다른 곳으로 같이 흘러가
나와 같은 이를 마주할 용기가 없어

이 방문 뒤에 숨어
파도가 멎을 때까지

고작 이렇게 기대고
고작 이렇게 앉아

따스한 봄노래가 들려오기를

그 노래를 전해주기를
이렇게 기다린다

부디 가시는 길
홀로 방 어딘가 주저앉은 나그네를 만난다면

그대의 미소를 전해주시길

나와 함께 이 밤을 기울여
별빛에 취해 이야기 나누어달라고

부디 저 별하늘에
우리가 만난 맹세를 그리고

떠나시는 날에는 저 별을 보며
우리를 그려달라고,

그러면 나는 여기 방 한켠
방문에 기대앉아

다시 파도를 견뎌내겠다고 말해본다
한 번도, 두 번도 아닌 다시 여러 번

그 봄의 노래가 다시금 찾아올 때까지

어머니 - 17

얼어버린 비가 내린다
울지 않는 소년은 서서
가만히 내리는 저 비들을 본다

툭, 툭 쏟아지기도 하고
추적추적 내리기도 하고
내 마음으로 흘러내리기도 한다

나는 무얼 해야 하는 것일까
내 마음은 무엇으로 위로가 되나

만약에 라면, 그랬더라면
나는 조금이라도 달랐을까

말리지 못한 애쓰지 못한
내가 목 놓아 우는 마음의 곡소리
시간의 쳇바퀴를 돌려
내 마음 깊은 기억 속 그때로 돌아가
전하는, 전하고픈

그 한마디, 한마디들

'말리지 못해서 죄송합니다'
그때의 저는 너무 어리다는 핑계로
용기가 없었습니다

'함부로 말해서 죄송합니다'
당신의 힘듦을 보고 싶지 않다는 핑계로
이제 누군가를 위한 삶이 아닌
당신의 삶을 살아가라고, 그렇게 말했습니다

나의 핑계로 그대는 다른 상처들이 생겼지만
그곳의 저는 저라는 핑계로
그게 최선이라고
나는 문제없다고
문제를 만들어버리고 말았습니다

당신과 함께하지 못해 생긴
나의 상처들은 어디서 위로를 받아야 할까요

그대는 제게 오렌지나무와도 같아서
너무 많은 걸 받고서도 그대가 필요한 것 같습니다

그게 다시 그대의 아픔인 걸 알면서도

그래서 저는 그대를 다시 부를 수 없습니다
그저 말없이 내리는 이 비를
차가워져서
이제는 눈꽃이 되어 피어나고 있는
얼음으로 이어진 비들을 바라보며

그곳의 나에게 편지를 띄어 보내곤 합니다
"너의 슬픔은 내가 가져갈 테니 부디 너는 행복해다오"
그대 그럴 때마다 내게
힘들었던 것을 이야기하라 하지만
나는 이야기할 수 없습니다

그저 힘든 건 없었다고
애써 둘러대곤 합니다

결국 나의 슬픔은
그대가 떠남으로 생긴 것이기에
그러나 그대에게는
그것이 목숨과도 같은
일이었기에

나는 이야기를 할 수 없습니다

그저 그곳의 나를 안아주세요
그리고 많이
그리고 또
고생했다고, 수고했다고
다독여주세요

일찍이 어른이 되어버린 소년을
어린아이의 눈물이 날 만큼
울며 안아주세요

그것이 나의 바람입니다
그것이 나의 소원입니다
그저 그것 하나뿐입니다
그저 그것 하나면 될 것 같습니다

그러니 그대 그대는 내내
어여쁘게 있어 주세요
세월이 얼마나 지나도 소녀인 그대

아직은 그대도 어른이지 못함을
소년인 저도 알고 있었습니다

그러니 실컷
나와 함께 울어주세요
나는 이미 우는 방법을 잊고 말았으니

하루와 하루 그 사이 - 18

파도치는 물결처럼
동화되는 도시의 하루

날씨는 선뜻 부끄러운 모양새인지
자신을 숨겼다가 다시 비추기도 하는데

알다가도 모를 마음이라
기분과도 같은 날씨에
이도 저도 못 할 뿐이다

발걸음은 같은 발걸음일 텐데도
한 걸음을 걷기도 채 힘들기도

이것은 내가 어른이 돼가서 그런 것도
어제보다 오늘 더 병마에 스러져서도
그러한 것도 아니다

별안간 예상치 못한 사람의 마음처럼
언제나 함께해도 알 수 없는

저 날씨의 마음 탓이니

힘이라면 태산 이온데
이도 저도 없이 숨어있기만

얼음이 되었다가 사라질 운명이라면
되기도 전에 녹아 없어질 한끝이다

옆에서 쉼 없이 울기만 하는 모습은
무얼 향해 그리도 우시는지

소리를 지름에 쓰러질 것 같은 당신도
기색 없이 그저 질러서 울 뿐이니까

더한 날씨의 모습에
그보다 더한 그대가
놀라지 아니할 수 없다

신기루라도 보인다고 하면
내가 말하온데

어째서인지 집의 모습이 아른거리는 것은
그만큼 피하고 싶어서인지도 모르겠다

때로는 시원한 바다가 밀려오면 좋겠다
날 선한 어느 낮 동안에

모시 두른 쟁반 위에다
청색 빛의 포도를 들고

온전함을 느끼면서
바람을 맞이하는 소망이다

푸른색의 바람을 타고 온
저 친구에게도 내 것이라도 내어주고

글 쓰며 맞이하는
너를 만나고 싶다

그런다고 하면
저 바다도 햇빛을 닮아
빛을 반짝이겠지

눈부시게도 말이다

널어놓은 옷가지의 흔들거림이
기분 좋게도 펄럭인다

덕분에 나는 널어놓은 춤사위들을
보고, 느끼고, 즐길 수 있으니까

어쩌면 도시의 하루와 하루도
그 사이에선 웃음일지 모른다고
그런 생각을 해버린다

언젠가 다시 하얗게 수놓을
언젠가를 기다리면서

나는 여기 앉아 글로써
너를 수놓아 보겠다

내가 진정으로 원했던 건 - 19

사랑은 사랑을 부른다
그래서일까

사랑은 매번 시험이다
다른 사랑이 사랑을 흔들리게 하니까

사랑을 이루고자 하여도
불안이라는 시험이
매일을 기다렸다

사랑에 사랑이 흔들리니까
그 사랑에 사랑을 잃게 될까 봐

사랑이어도, 사랑이 아니어도
흔들렸다, 그 사랑들이

믿음을 준 만큼
나의 약점들이 늘어만 가니까

사랑을 뺀 나머지의 것들도 두려웠다
혹여 떠난 너는 나만큼이나 나를 아니까
그것들에 흔들릴까 봐서 마음이란 것들이

천 번을 흔들려야 어른이라면
사랑에는 몇 번을 흔들려야 할까

잘하고 싶어도 다가오는
불안이라는 것들이
언제나 흔들리게만 두어서

이별은 이별을 부른다
그래서일까

이별은 언제나 아프다
이별이 찾아온다면
다른 것들도 이별로 찾아오니까

사랑을 이루고자 하여도
불안감이 그릇되게 하니까
매일이 위험신호였다

작은 흔들림에도
한 번씩 틀어지니까
무시하기엔 그럴 수 없으니까

믿음을 준 만큼 불안감이라
안심이라는 말로 너를 죄었다

사랑을 뺀 나머지의 말들로
너를 사랑한다는 말을 하면서
사랑 아닌 사랑을 전했다

수없이 흔들리니까, 흔들렸으니까
그 속에 가장 중요한 사랑한다는 말을
네게 전하지 못했다

잘하고 싶어도 다가오는
불안감이라는 것들이
너 역시 흔들리게 두고 싶지 않아서

내가 잘하고 싶었던 건
"사랑"

흔들림도 없이
불안도 없이

단지
"사랑"

사랑한다며 사랑하지 않았으니까
불안하다며 사랑하지 않았으니까
흔들림으로 사랑하지 않았으니까

단지 사랑을 잃었을 뿐이다
나는 사랑을 하지 않았으니까

이별이 와서야 진성으로
사랑할 수 있었기에

단지 "사랑"

그 말을 사랑을 담아 전했다
너를 사랑하기에

마음에도 별이 있다면 - 20

잔잔해져만 가는 새벽의 소리가
깊어져가는 울림이 되어 다가올 때

나는 비로소 마음 디딜 곳 하나 없던
어제의 속박 속에서 이제는 드디어

별도 달도 바라볼 새도 없이
나의 밤하늘을 다 세어 가는 듯합니다

나는 여행 중이라서 계속 내가 아니었음을
이제 와 찾은 오늘의 밤하늘이 말을 하고

그 사실도 모르고 별들만을 바라보다가
내일도 모른 채 오늘에만 머물렀습니다

얼마나 깊어야 나의 밤이 채워져 가나요
비어버린 옷의 테만 남겨둔 채로
채워질지도 모르는 물을 드리운들

하염없이 또한 하염없이
새어나가는 무언가들이 야속할 뿐입니다

바람은 나지막이 불어와
나의 두 볼을 스치고 지나가는데

나는 그마저도 잡지 못해
이렇게나 스러지고 맙니다

내가 느끼고 내가 바라보는
나의 감정이란 것들은
어디서부터 흘러와 나를 슬프게 하나요

내 것이 아닌 듯 받지 않으려 하지만
그마저도 나의 것이라

나는 받지 아니하고서
슬픔에 잠길 수는 없었습니다

기쁨이란 것도 슬픔이란 것도 그 무엇도
실은 단 하나의 감정이란 것은 없어서

웃으며 지났던 어제의 날들이
내일에는 웃음 속에 슬픔이 되어
웃음을 그리워하고 말았습니다

나는 왜 그래야만 했나요
그저 살아갈 뿐이었는데

어디서부터 내게 흘러들어와
이토록이나 고양되게 하는지도
이토록이나 생각에 잠기게 하는지도
아무리 돌이켜본들 나는 모르겠습니다

이 밤하늘도 역시 마찬가지입니다
나는 다 셀듯하면서도,

그저 이렇게 다시 여기 서서
저 멀고도 알 수 없는 밤하늘을

잠시 동안이나 그리고 언제나
세어만 가고 있습니다

잠시 동안이나 찾아오신 당신에게도
기쁨을 전달하였습니다

언젠가는 변질되지 않기를 바라면서
나의 밤하늘 속에 간직해 두었습니다

언젠가는 그 속에 나 역시도 남겠지만
그전까지는 이 하늘을 다 세어가려 합니다

늘어만 가는 불빛들을 바라보며

챕터2.

사랑

만약 언젠가 너를 신경 쓰지 않는 나날이 온다면 -1

물건이라는 것은 무릇
손길이 닿아서

전혀 달라서 맞는 것이 없는 것만 같은데
그것이 무엇이라도 같아도 닮아간다

저 먼발치 눈으로만 겨우 보인 데도
손길이 닿은 물건이라면 알아버리니

모른다고 시치미를 떼어도
이미 그 시치미를 다 알아버린다 하더라

오감의 감각 중에 알아버리는 것은
나조차도 모르는 육감

무서운 듯 설레는
자그마한 감정이란

말 하나도 없는 너와
이미 수천만 번이나 대화한듯하다

아무런 미동도, 아무런 말도 없는데
이미 너와 수없는 추억을 되뇌는 듯만 해서

만약에 언젠가 너를 신경 쓰지 않는
그런 나날이 찾아오는 날이라면

개울가에서 우연히 만난 인연을 바라보듯
너를 바라보며 추억을 곱씹을 예정이다

작아서 네가 크기만 했던
그날의 어느 날부터

이제는 한없이 작아 보이는
오늘의 어느 날까지

함께했거나
함께하거나
함께 왔거나

그 모든 것들을 되돌아보게 되겠지
처음의 설렘처럼 이나만큼

때로는 잊히고서
어딘가에 묻어놓았던
나의 설렘만큼이나

처음의 너와 나를 그리지만
이제는 따라오지 못하는

나의 마음이 이내
그럴 수 없다는 이야기다

그런데도 여전히 그렇듯
좋아함은 간직한 채로

때때로 추억의 우리를
너와 함께 그림 그려볼 뿐이다

처음의 너와 나처럼

아무런 말도
아무런 이야기도

너는 하지 않겠지만

이상하게도 마음은 전달되는 것만 같다

잔잔하게 미소를 지어오는
바다를 보는 듯하게

투영된 마음이라면 분명
너 또한 같은 마음이겠지

그래서 잠시 숨어있다가
오늘날에 나타났나 보다

너 또한 추억의 우리를
다시 그려보고 싶어서

꽃말 - 2

꽃은 아름답다
꽃이라서 그렇다

봄바람처럼 불어오는 내음은
봄과도 같이 만드는 그런 마음

어느 것은 감추어 숨기도
어느 것은 가시를 품기도

모두 다른데 "꽃"이다

눈에 너무나 남으니까 눈을 감으면
향기 되어 돌아오려 하고

향기라도 피하려 숨을 참으면
너를 바라보지 아니할 수 없다

혹여라도 지나치지 못하게
속삭이듯 불어오는 너란 꽃이

나는 참 미울 법도 한데
화는 낼 수가 없는 것은

바라봄으로써 피어났기 때문일까

애석하게 세월도 모른다 하더라
시간이 우리를 키웠을 텐데도

네가 꽃이라서 다른 것들도
너를 너만큼이나 표현하려고
꽃을 피워낸다

봄에는 벚꽃으로 다가오는 네가
여름에는 불꽃으로 다가온다

가을에는 낙엽 꽃이던 네가
겨울에는 눈꽃으로 다가온다

사실 다 꽃은 아닌데
닮고 싶은 너를 따라
꽃이 되어가나 보다

세월이 지나도 언제나처럼 이나
한없이 예쁜 것은 변하지를 않아서
너를 좋아하는 어느 이들만큼이나
나 역시도 너를 좋아하나 보다

그리고 역시 그래서일지
꽃을 닮은 너 역시도

꽃만큼이나 변함없이
예쁜 모습을 간직하겠지

시간이 지나도 여전히
세월이 지나도 여전히

아름다움을 간직하려는 꽃은 저마다
무언가를 품고 자라난다던데

나를 품고서 자라난 꽃도
쉽게 지나지 못할 향기였으면 좋겠다

피어나서 그대가 피어나서
내게는 가시 되어 아파왔음을

꽃은 모른다

모르겠다 다른 것도
모르겠다 아는 것도

그저 평소처럼 예뻤으면 좋겠다
그저 평소처럼 아름다웠으면 좋겠다

꽃이라서
네가 꽃이라서

쉽게 지나칠 수도 없는
쉽게 바라보지 않을 수도 없는

아픔의 꽃말을 남긴 꽃이어도
희망을 간직하기를

내가 품은 밤의 꽃말은
그대의 아름다움이라서

밤, 사랑이 내릴 때 - 3

깊은 밤 사랑이 내리는 밤이면
홀로 둘러본 창밖의 세상에

불빛 하나 잠들지 못하고
세상을 비추는 날을 바라본다

사색이 되어 잠기는 고뇌의 시간
잠들지 못한 불빛은 나 역시였던가

원래부터 약속이라도 한 듯
해가 저물면 잠들기로 했는데

나의 태양은 이미 저렇게 빛나고 있으니
차마 눈 감더라도 눈부심에 그럴 수 없다

불빛 속에 가려진 사랑이 내리는 밤
연기처럼 스며드는 어느 누군가

내리는 밤마저 아름답게 잊힐 때
고뇌를 거친 나의 생각들은

백야라도 겪은 것처럼 빛나기만 하니
언제 저무는지도 모른 채 기다리기만

세상 불빛 속에 가려진 나의 사랑도
네게는 닿지 않는다 하더라도

닿지 않아도 될 울림이라
비의 소리를 빌려 울림을 보낸다

잊혀짐과 그리움 속 남는 것은
추억뿐이라 하였던가

기껏해야 손에 담길 만큼만 남는데도
소중한 나의 사랑이다

알고서도 모르는 것들은 점점 늘어만 가는데
사랑, 너 역시도 그렇다

결국 사랑의 끝에도 이별이라
언젠가는 사랑을 잃고 만다

잃어서도 그리운 것은
잃어서야 아름다운 것이라
그토록 사랑이란 밤이 빛난다

내게 빛나던 사랑이 내리던
그날의 밤 역시도

비 오는 소리에 묻혀
울림 되어 퍼져간대도

창밖으로 소리 없이 사라지는
울림들을 지켜본다

어디에서부터 어딘가로
어딘가로부터 모르는 곳까지

그렇게 찾아왔다 떠날 사랑이니까
그렇게 찾아와서 내릴 사랑이니까

언젠가는 잃기에 아름답다
언젠가는 사라지기에 눈부시다

지고서 사라질 불꽃이라도
찰나가 아름답다면
그러면 됐다

피고서 져버릴 한 송이의 꽃이라도
찰나가 어여뻤다면
그걸로 됐다

시야 밖 눈에 보이지 않을
그러한 밤의 비인데도

사랑이란 비가 내림을 알았던 것은

아직은 누군가 사랑을 하고 있어서
아직은 누군가 이별을 겪고 있어서

그래서 비 오는 밤에도
이리 밝을 수 있었겠지

사랑이 내리는 밤이라면
이별 역시 흐르는 밤이라서

철부지 -4

그대의 철부지를 걱정하는 나에게는
이제 와 그리워한들 무를 수는 없다고 네게 전한다

겨울날 시려오는 바람이 들어 떠나간 네게는
걱정으로 말미암아 따뜻한 옷이라도 전하고 했는데

어디선가 들려오는 자그마한 소식도 없이
어느 날 갑자기 찾아와서는 그 겨울날을 찾는다

10년이면 강과 산도 변한다 하던가
나는 그것들을 걱정하고 우려하였는데

이미 바다와 숲이 되어버린 그것들을
내가 어찌 나무랄 수 있겠소?

돌아갈 집이 있는 그대가 기댈 곳 없어 내게로 온들
나는 내어줄 손길 하나 이제는 줄 수가 없으니

여전히도 철부지인 모습 하나인 것은
걱정하던 모습 그대로여서
이제는 아무렇지도 않다 그렇다

이어지지 않는 그리움으로 나를 찾는다 하지만
나는 그리움에 몸져누워도 다시 이어 나가지 않을 생각
이다

그저 아름다운 모습 그대로 둘 생각이다

이루어진 모습보다 이루어지지 않은 것이
더욱이나 아름다운 까닭은

"간절함"이 그렇게나 빛이 났기 때문이다

한때는 나만이 그것을 간직했는데
이제 와 다시 돌아와서 내게 그것을 요구한다

무엇인가 매번 가슴속을 짓누르지만
그런다 한들 내어줄 수도 돌려줄 수도 없다

이제 와 확실한 것은 나의 간절함은
그대 아닌 무언가로 채워진 것

그대는 책임감을 요구하지만
소복이 쌓여버린 눈처럼
그 눈이 녹아내리듯
흘러버린 눈들에 내가 어찌할 방도는 없어서
그저 바래만 본다, 그저 좋은 기억으로만 남겨본다

눈이 쌓인 길 위에는 한때의 모습들이
투명한 얼음조각되어 남아있고

녹지도 않고서 매번 그 자리 그대로 서 있다

너는 내가 매번 조각해 놓은 그 얼음들을 보고서는
아무 말도 없다가 이제 와 이야기하지만

단지 나의 자그마한 조각상이기에
다시 네게로 돌려줄 수는 없을 것 같다
그럴 것 같다

그저 너의 철부지를 여전히 걱정하는 내가
여전히도 남겨놓고 또 남겨놓아서

그렇게 이어지지도 않게 영원히도 빛났으면 좋겠다
"간절함"을 간직한 아름다움들이니까

혹시나 네게도 닿는다면
그 시절의 찬란함을 너도 기억해 줄까

떠나간 것들은 시간처럼 돌아오지 않지만
그 시간이 있었다는 것은 영원할 테니

시간을 그리워하는 너의 철부지를
네가 알아주기를 그렇게 바래본다

부러움이라는 감정 - 5

어쩌면 나는 그랬는지도 모른다
어쩌면 나는 부러웠는지도 모른다

나보다는 네가 더 많이 가진 것들을 보고서
그것이 화가 났었는데
그것이 아니었는지도 모르겠다

어쩌면 아무리 노력하더라도 너 같지는 않음을
어쩌면 아무리 가진다 하더라도 너 같지는 않음을

그래서 화가 났는지도 모른다

너는 여전히 빛나고 너는 여전히 많은 것을 가졌다

나는 이제는 어둡고 나는 이제는 모든 것을 잃었다

어쩌면 내게 있어 너라는 존재는
감당하기도 어려운 존재였을지도 모른다

너 하나로 수없는 것들을 가졌고
너 하나로 수없이 빛났다

그것들이 처음에는 내 것이 아니었는데
그것들이 어느샌가 나의 것도 되어서

내게는 없어도 되었던 것들이 이제는
없어서는 안 될 무언가들이 되어버렸다

나는 잡을 수도 없는 것들을 다시 잡으려 손을 뻗지만
나는 이내는 그것들이 잡을 수도 없게
멀리 떠났다는 사실만, 그런 진실만 깨닫는다

불같이 끓는 마음은 주체할 수가 없는 것

그 아픈 마음을 나의 손끝을 베어 떨어지는 핏물로
다섯 손가락 다섯 마디의 추억을 스며들게 그린다

감기는 약을 지어 먹고, 추운 것은 이불을 덮는다
다쳤을 때는 연고를 바르고, 상처에는 반창고를 붙인다

그러나 마음 아픈 것이란 치유가 되지 않는 병과도 같으니
어디서 그리고 누구에게 치유를 받아야 하나
또한 그런들 치유가 되는지도 모른다

깊어만 가는 마음의 병은 골이 들어 울음을 머금고
어딘가 고장이라도 난 것처럼 하염없이 눈물만 흘려보
낸다

분명 너는 다시 아무렇지도 않은 듯
가진 것들과 빛나는 것들로

누군가에게 다시 손길이 닿겠지
그러면 아무 일도 없었다는 듯이 더욱이 빛나겠지

나는 다시 홀로 남아 원래 이러했던 것들도 부정하고선
그 누군가로 다시 빛내어 갈 너를 부러워하는지도 모르
겠다

곁을 내어줄 누군가가 내가 아닌 다른 이라는 것이
그 사실 하나만으로도 다른 이를 부러워했는지도 모르
겠다

돌릴 수 없기에 속은 붉고도 검게 타들어만 갔고
돌아갈 수 없기에 끓는 화염과도 같은 분노가 나를 삼킨다

아무리 빛을 내어본들 너와 같지는 않겠지
아무리 네가 가진 것 이상으로 가져도 너와 같지는 않겠지

그래 나는 그 사실을 알아서 이미 알고 있어서
그랬었는지도 모르겠다

그러니 내가 계속 부러워하더라도 그대는
그대는 몰랐으면 한다

그냥 계속 모른 채로 살아주오
그 사실을 알게 되는 그대를 마주할 때면

더욱이 아파오는 심장을 부여잡는 내가
그대라는 병으로 앓게 되지 않도록

내 두 글자 사랑 - 6

바보같이 난 또 열어보고 말았다
호기심으로 가득한 고양이처럼

궁금함이란 욕망으로 후회라는 글자가
목전까지 올라올 걸 알면서도 바라보았다

"사랑" 적기로는 단 두 글자로 적어 가는데
"사랑" 말로써는 무한히도 부족하다

표현할 두 글자가 부족해서
"미련"으로 적어 넣었다 바보 같게도

어딘가 비행하는 마음의 수평선
어디로 향하는지도 모르는 채로 그저 비행

한때는 그래도 한때로는
언젠가 돌아가길 빌었다

나의 걸음이 뒤처지는 것일까
"사랑"이란 두 글자 앞에서

어릴 적 꿈꿔온 두 글자는
간단하게도 "행복"
이었는데 이제는 아니다

조금은 두렵다 나의 걸음이 늦어지는 것 같아서
조금은 무섭다 내가 너무 늦게 가는 것만 같아서

그대는 어느새 저만치 보이는 언덕 위에 있다
한때는 나와 함께 곁에서 걸었는데도

나는 어느새 저만치로 바라볼 수밖에 없다
한때는 그대와 함께 걸었는데도

떨쳐낸 줄로만 알았던 나의 시간도
아직은 나와 함께 살아가니까

톱니바퀴를 뜯어내려 하면
그 빈자리가 아프다

아니 어쩌면 영영 돌아가는지 모르겠다
이미 그 시간이 돌아가지 않는다면
내가 존재하지 않아서

"공명"이다 아픔 역시 공명이다

공교롭게도 누군가 나의 사랑을 묻는다면
언제나 그렇듯 어느 때나 그랬듯
이미 나의 사랑은 '너'이다

그래, 나의 사랑은 "순애"다
아니, 사실 잘 모르겠다 너 이외의 사랑을

같은 감정이 아니라면 사랑이었을까
미안한 마음으로 아끼려고 하여도

어느새 언덕을 지나 사라져가는 너
나의 시간도 넘어가 멈춘다
나의 사랑도 그곳에 멈춘다

"영원"이다 다시 태어나도 이루어질
나의 사랑은 계속되는 톱니바퀴다

맞물리지도 않고서 돌아가는

시작을 다시 그릴 수 없는 사랑
바라보기만 하는 짝사랑과도 같아서

이 마음을 알 수는 없을 테다

톱니바퀴를 거꾸로 돌리면
다시 돌아갈 수 있을까
"우리"의 시간으로

여전히도 남는 것은 나 "혼자"인데

그래, 사랑은 혼자다
홀로 꽃피워낼

두 글자로 표현하고서도
두 글자로도 모자라니까

서로 다른 두 글자, 두 사람으로
마음속에 새겨 넣는다

미련, 행복, 시간, 우리, 공명, 순애.. 그리고..

그리고 "사랑"

내 사랑은 단 두 글자이다
내 사랑은 말로도 못다 할

시작하고 싶지 않은 그것, 사랑이었다 - 7

담아두었는데 분명하게 담아두었는데
저도 모르게 도망가는 것은 어찌하란 말이오

가두어 놓았는데 분명하게 가두어 놓았는데
저도 모르게 밖으로 나간 것은 어찌하란 말이오

인정할 수 없는데도 인정해야 하는 것들을
뼈가 시리도록 아픈데도 무시할 수가 없어서

"아니오"라고 입으로 말을 해놓고
머릿속으로는 이미 그게 아닌 것을
아니라고도 해놓고 이미 다 알고 있었다

수백 년 자리 지킨 저 동백꽃 피어나는 나무처럼
꺾어질 새 없이 우두커니 자리를 지킬지언데

지나가는 나그네가 안쓰러워 내어준
가지 하나의 빈자리가 그렇게나 소중한 것은
자리를 지킨 시간만큼이나 알 턱이 없었으니

빈말이 아닌 가득 담긴 빈말로 말을 건네니
도무지도 그것이 성에 차는 일이 없어서
눈만 감으면 선하게 그려져서는
이내 눈을 뜨고서도 앞에서만 아른거리게 된다

아니라고 할지어다
꿈에는 아니고 더욱이는 더 이상은 안된다

아니다 그러다 아닌 것으로 말미암아
전부 아니게 되지는 않았으면 한다

욕심 아닌 욕심으로 탐하지 말아야 할 것을
저도 모르게 조금씩 얻고자 하는 쪽으로 몸이 기운다

구멍이 군데군데 난 갉아진 나뭇잎 모습처럼
성할 곳이 하나 없는데도 잎과 잎을 겹치면
처음과도 같지 않을까 그런 생각을 하고 말아버린다

다짐하기가 무섭게 다짐을 무너뜨리려 오는 시련인 것일까
혹은 그저 그렇게 살다 보니 알지도 못한 우연이라는 것일까

사소한 별빛 하나 그리고 시간의 그림들에도
무엇보다도 커다랗고도 사소한 의미의 이름들을
저가는 노을 따라 적어 내려갈 뿐이다 그뿐이다
이제는 오지 않기를 바랬건만
이제 와 다시 와서는 어지러이
쉬이 결정도 없이 또 이렇게 아파오니

네가 기쁘고도 참으로도 미울 뿐이다 그 마음이다

시작이라는 기로도 막아서 고쳐두었건만
왜 그 기로마저 넘어서 먼저 시작을 하였는지

알다가도 모를 자신에게 자화상을 그려 보낸다

그렇게나 알고도
그렇게나 모르고

그렇게나 아는 줄 알았는데
실은 그렇게나 모르는 것 투성이인 것이다

밤을 내달리는 석양져가는 길목의 열차야
어디를 그렇게 달려서 가는지
나는 어디까지 이어진지 몰라도

이미 내 종착역은 원할 새도 없이 정해놓았으니

언젠가 다시 이어 나갈 줄은 알면서도
"종착역"이라는 이름으로 마무리 짓고자
그곳에 모든 것들이 서 있다

다시 시작하겠지 그곳에 도착할 터일지라도
다시 세워야겠지 그것은 언제나 멀어지니까

그래서 한시라도 달려 나가는지도 모르겠다
그래서 멈춰야 할 때도 멈추고 싶지 않은지도 모르겠다

인정이라는 이유로서가 아닌
"또 다른 시작"이라는 이유라서 그래서인지도 모르겠으니

시작을 두려워하는 이가 빛을 맞이하도록
나아가라 열차야
나 역시 그것을 무서워하니까

언젠가 여러 시작들로 하나의 종착역을 맞이하도록
이끌고서는 또 나아가라
종착역이 영원한 마지막이 되지 않도록

모르겠어 - 8

여전히도 남았을까
하나도 모르겠다

여전히도 기억할까
하나도 모르겠다

지나치게 생각하니까
하루가 지나가는지도 모른다

하나도 당연할 걸까
사실 잘 모르겠어

하나도 그래야만 했을까
사실 잘 모르겠어

지나침이 우리라는 벽을 가로지르면
너무한 배려였을까

돌아가며 운전하는 유리창 사이로
우리의 잘못들이 가로막아서

홀로 남은 놀이터처럼
알 수 없는 정적이
집중도 없이 머릿속을 흩트리니까
생각이란 게 생각처럼 멈추지 않으니

지나가는 저 길목에서 내가 보여
잃기 싫어 사과하던 한 모습이

힘들어야만 하는 것도 사랑이라면
나는 그 모습까지 사랑할 수 있었을까
너는 나의 힘듦을 사랑하지 않는 것 같던데

돌아보니 사랑인데, 돌아보니 아픔이더라
지나가니 사랑인데, 지나가니 아픔이더라

아픔마저 사랑이었을까
그 사랑을 놓고 싶어진다 해도

너를 사랑하니까
나를 사랑할 수밖에 없어서

사랑하는 너를 놓아야만 했다
사랑하는 너로 상처를 받으니
사랑하니까 아픔을 잊기도
사랑하니까 내일을 믿기로
사랑하니까 오늘을 견디어
사랑하니까, 또 사랑하니까

그러나 사랑 때문에 나를 잃을 수 없으니
네게 나를 주고 나는 놓아버릴 수밖에

그 길목에서 너는
사과하는 내가 좋다고
인정하는 내가 좋다고,
붙잡는 내가 좋다고,

내가 아닌 내가 좋다고
네가 좋아하는 연기를 하는 내가
바보처럼 내가
사랑 때문에 내가

나는 사랑을 했던 걸까
너는 사랑을 했던 걸까

휘청이는 마음 기우는 도시
무엇 하나 제대로 보질 못하는데

내일은 또 견뎌야 하니까
유리창을 통해 바라보는 도로

그 시선은 너와 내가 가득하지만
나는 바라보고 나아갈 수 있어
사랑으로 모르겠어서

밤을 새우겠지 모르겠어서
집에서도 여전히 나

메리골드 - 9

메리골드다
너는 내게 그렇다고 말을 했다

무슨 말인지도 모르고서
그저 좋은 것이라 웃었다

단지 좋아서 그런 것이라
단지 행복해서 그런 것이라

웃은 것이다
웃었던 것이다

때로 마음이 나보다
너를 앞선다고 한다면

달이 저물어간대도
너로서 잠을 못 이루나 보다

눈 감으면 그려지고
눈을 뜨면 생각나고

환상도 아닌데 환상처럼 남으니
꿈을 꾸어도 꿈처럼 남았다

짙어진 향기를 따라
나의 세계도 채우길 바라였다

봄과 여름, 가을과 겨울
모든 게 계절이라 향이 남았다

짙어짐으로 남으니까
계절마저 좋아할 수 있다

그토록 초록이 우는 여름도
그토록 손발이 어는 겨울도

그토록이나 모를 따뜻함이다

모든 별자리가 한 바퀴를 돌면
너를 표현한 별자리가 하나 사라진다

그리고 나서 모든 별자리가
그리고 나서 여러 번을 돌아도

너를 표현한 별자리가 사라져서 없다

어제는 밤하늘이 예쁘지 않았다
어제는 밤하늘이 아름답지 않았다

반짝이는 유성우가 무척이나 빛났는데
나의 마음은 그런다 한들 빛나지가 않는다

무엇인가 가득해야 할 밤하늘은
무척이나 비어 있기만 해서 그렇다

평범한 하루의 꽃들은 그저 꽃인데
꽃말이 남은 꽃은 참으로 곱다

너도 그렇다

밤하늘은 사라지지만
꽃으로 남은 건 영원하다

내가 피워나가면 되니까
내가 가꾸어 나가면 되니까

네가 내게 꽃을 건네었듯
나도 네게 꽃을 건넨다

메리골드다
너의 의미다

메리골드다
내게 있어서

향수를 구매하다, 밤하늘을 수놓다 - 10

기억에 남기려고 기억을 구매한다
미련 혹은 연민, 그 이상은 알 수 없는 마음의 온도

이유 없이 함께하고
이유 없이 같이하고
이유 없이 매일을 맞이한다

태초부터 없었던 것이라면
그렇게나 공허하지 않았을 텐데

한컨, 가슴 한컨 어딘가로부터 흐르는
선홍빛 가득한 핏물이 가슴을 타고 흐르면

왜 인지도 알면서도
왜 인지도 닦아낼 수가 없다

기억을 잊을 수는 없기에 기억에 취한다
향기라도 남기고 싶어서

너와 닮은 향기로 가득 채운 이 방
눈 감으면 언제라도 웃고 있는 그대가
나를 기다릴 것만 같은데

향기에 취해 눈을 뜨더라도
기억들은 가득한데 그대 없는 방안은
어딘가 사무치게 허전하고 차갑다

그저 왔기에 돌아간 것뿐이라
그렇게 생각을 해본들

생각의 깊이는 점차 커져만 가
"왜"라는 단어와
"어째서"라는 단어로 종결되었다

사라져가는 방안의 향기처럼
흐릿해져만 가는 그대의 모습이
향기의 형태로 흩어진다

그러면 나는
기억을 잊고 싶지 않아서
기억을 다시 구매하고

그것들은 다시 나의 투명한 마음을
그리고 붉은 색으로 점칠한 가슴을
또한 세상 하늘 같은 색의 눈물들을

그렇게 앗아만 갈 뿐인데
그럴 뿐인데

"기억"

네가 뭐라고 나는 붙잡지 않으면
단 한 순간뿐인데도
맘 쉬이 놓일 곳 하나 없다

향기 가득한 방에서
선홍빛 향들을 이어
끊임없이 너를 그린다

흩어짐을 아는데도
사라짐을 아는데도

내 마음이 그렇다
다시 그런데도 마음이 그린다

어디선가 불어오는 바람 따라 스쳐 지나간 향인데도
그렇게나 잊을 수가 없어서 혹여라도 스치고 간다면
다시 또 선명한 사진처럼

기억의 파편으로 별자리를 수놓는다

그러면 나는 방 한구석에 들어오는 달빛 보고
저 하늘에 이어진 우리의 별자리를 그려보겠지
언젠가 그대에게 닿을 때까지

오고가는 파도처럼 - 11

멀어졌다 가까워졌다
멀어졌다 가까워졌다

밀려오는 파도처럼
밀려가는 파도처럼

어찌할 수도 없이
어찌할 새도 없이

이러지도 또 저러지도 못하게
가까운 듯
먼 듯
헷갈리도록

그저 밀려오는 것을 어쩌란 말인가
그저 밀려가는 것을 어쩌란 말인가

내가 그러고자 그런 것도 아니고
그렇다고 내가 아니고자 그런 것도 아니다

그냥 그럴 뿐이다
그냥 그랬을 뿐이다

그저 그대가 궁금해지고
그저 그대와 이야기하고 싶고
그저 그대와 같이 있고 싶을 뿐인데

그것이 감정이라 하더라
그것이 왜 그런지 나조차도 모르겠더라

바보 같은 생각들이 하나 둘 떠오르는 게
바보같이 왜 그런가 싶다가도

바보같이 그대만 떠올렸을 뿐인데
바보같이 그대로 웃음이 났을 뿐이고

바보같이 그렇게 행복해지는 모습에

바보같이 그런 모습에 왜 그럴까 싶다가도
그냥 내가 그대를 떠올리는 바보의 모습이
그냥 바보처럼 좋을 뿐이다

무엇도 대처할 수 없고
무엇도 어찌할 수 없고

밀려오고 가는 파도처럼
그렇게 밀려오고 가길 반복하니

덮인 모래 위에 다른 것들을 그려본다 한들
다시 그대로 덮여서 밀려가니
생각을 하지 않으려야 않을 수가 없다

어쩌면 내가 그 덮여있는 모래인지도 모르겠다
계속해서 덮어지고 그려지고
오다 가는 파도를 내심 기대하고

아마 나도 몰래 파도를 기다리겠지
아마 나도 몰래 파도를 좋아하겠지

근심이나 걱정도 파도에 밀려가니까
행복이나 웃음도 파도에 밀려오니까

그래 그럴 거니까
단지 그럴 테니까

그럼 또 모래 위를 내심 덮어주기를
그럼 또 모래 위로 다시 찾아오기를
기다릴 테니까 그럴 거니까

파도이던 바람이던 무엇이던
그냥 밀려서 또 왔으면 좋겠다

밀려서 넘어진대도
밀려서 깔려진대도

다시 "그대"로 덮어질 테니까
내가 "그대"만 바라보았듯

무뎌진 꽃 - 12

내 세월에 무뎌져 간 못다 핀 꽃
그 누가 꺾어서 가버렸나

나는 주지 않았는데

이듬해 봄이 올 무렵에는
여름을 기다리고 있었고

여름이 지나고서도 다 피우지 못한 꽃
너무나도 아름답던 짧은 가을을 지나

꺾어간 추위에 못 이겨
다시 또 피우지 못한 채로
얼어버리고 말았다

사랑에도 꽃말이 있는 것처럼
남겨진 나의 못다 피워낸 꽃은

"비애"

머물지 못한 나의 청춘이라
감춰가는 청춘의 꽃말

부끄러움을 감추어도
가슴 아픔을 이겨낼 수는 없다 하더라

나는 그 못다 핀 꽃을
건네지 아니하였으나

가져간 누군가를 알 것만 같아
가져간 누군가에게 들키고 싶지 않아

구름으로 덮어, 비로 덮어
그 어딘가에 묻어둔다

오지도 않을 언젠가
그날을 기다리며 묻어둔 못다 핀 꽃

피워내도 들키지 않을까
마음 졸여 아픔의 비를 뿌리고

혹여라도 보지는 않을까
마음 가득 어여쁘게 돌본다

청춘마저 돌보지 못한 나의 비애는
돌아서고 나서 다시 꽃피우려 하는데

나의 비애를 아끼고서는
정작 나는 아끼지 못함을

돌려받을 일 없이 그저 앗아가듯
내어주고만 못다 한 비애야

흘러간 그림에서는 꽃피워
잊히지 않는 절경의 화풍으로 태어나거라

꽃 피워지지 않고
청춘으로 마다하여

피워낸 아픔으로
다시 피워 눈물 흘리게

그렇게 찾아오는 것 - 13

안녕하세요라는 문자로
시작된 평범한 하루가
어느샌가 좋은 하루로 바뀌어가고

그저 정신없이 맞이하던
오늘과 내일들의 아침들이
이제는 좋은 아침을 바라는 게
일상이 되어갑니다

그렇게 찾아오는 거겠죠
뜻할 것 없는 하얗기도
혼탁하기도 한 도화지 위에

작은 날갯짓으로 찾아온 나비처럼
사뿐히 앉은 그 그림들이

고사리손으로 붓을 쥐고서
먹으로 그려내듯 고풍을 담아내는
그 글자 하나하나가

어느샌가 자리 잡아가서
본래 그 자리에 있던 듯
새겨지는 것이

그렇게 찾아오나 보다

그저 지나가던 하루하루도
단 하나가 추가되었다고
특별하고 소중한 나날들이 되어가고

아직 오지 않은 내일을 그리며
행복해하는 자신을 돌아보게 될 때면

무엇이 그렇게 하였는지
어느 것이 그렇게 하였는지
단 하나로 그리되었는지

그것이 참 궁금해진다

집으로 돌아가는 길이면
거리 위의 길이라면

크지만 또 작은 춤사위로
이리저리 마음을 그려놓고

혹여라도 누군가 볼까 싶어
달밤에 숨겨놓고

그 은하수가 빛을 나눠주는
별자리의 계단을 오르는
나의 동네로, 달동네로

너의 느린 우체통 - 14

어째서 잔잔한 물결로 흘러와
파도치는 마음으로 만드시는지
그 이유를 알진 못해도

남겨진 추억 속에
그대도 거친 물살이 일렁였을까
흩어진 기억들을 또다시 모아선
깨질듯한 제게 아픔이란
사랑의 돌멩이를 던지십니다

비워낸 마음 파편들을 치우고선
이제서야 금이 간 모든 나날을
저 따스한 햇살로 굳혀 나가려 하였는데

그마저도 무색하게
날아들어 와 모두 부서지게
가만히 있던 평온한 물결을
파도치며 흩어지게 만들어 버립니다

어째서 다시 오셨는지요
나는 그대를 다시 부르지 않았는데

붙이고, 만들고, 이어가는 그 마음에서
깨지고, 부수고, 찢어가는 그 마음들로

나를 죽이고 짓이기는데

그 마음들을 잊고서 떨쳐내려
그 마음만큼이나 슬퍼하였던
나날들을 잊을 수는 없기에
그대를 부르고 싶었으나
그대를 단 한 번도 찾을 수는 없었던

자그마한 그 마음들을
다시 도려내고서

잊혀져가는 그 마음들을 붙잡아
나도 모르게 찾아온 그대는

어째서 다시 오셨는지요
나는 그대를 부르지 않았는데

이제는 그대가 오지 않았으면 합니다
그 말은 거짓말

이제는 그대가 연락하지 않았으면 합니다
그 말도 거짓말

비워져 굳어가는 깨진 마음에
그대를 그리면서도 찾지는 않는 까닭
그 까닭은

그 말들이 거짓말
거짓말이더라도
진심이기에

그 말들이 진실
진실이더라도
거짓이기에

마음을 내어준 만큼이나
마음이 아파오더라도

그 마음들을 다시 붙여
그 마음처럼 다시 이어 나갈 것입니다

그러니 찾지 않을 것입니다
그대가 그리워 진대도

그러니 그리워하지 않을 것입니다
그대가 떠오른다 하여도

그저 이렇게 나의 물결에
비구름을 그려 색깔들로 이어진
그림으로 퍼트려

가라앉도록 깊은 곳으로 가라앉도록
그리할 것입니다

호감주의보 - 15

사랑을 확인하기엔
시간이 너무 짧아서

내가 사랑에 곤란해할 때
그대는 다른 사랑에 들어선다

나는 호감만으로 사랑하지 못하나 보다

비는 그쳤는데 나뭇가지 위의 빗방울이
얹혀 맺혔다가 떨어지는 것처럼
너도 그저 내게 흘렀다가 갈 뿐이다

섣불리 시작하였다가
이도 저도 아닌 채 끝내고 싶지는 않아서

너를 알아갈 때쯤이면
너는 사라져 버리니까

저 또 다른 빗방울들과도 같이

기다림이라는 웃음으로
그냥 웃었다

천 번을 아프고서도

나는 나를 모른다
마음도 나를 모른다

마음은 붙잡는데 나는 아니거나
나는 붙잡는데 마음은 아니거나

진흙 같은 마음 위로 눈꽃이 내리니까
빠져버린 내가 얼어버린 진흙에서
이도 저도 할 수 없음을

그냥 이렇게 서서 잠시
스쳐 간 것들을 바라본다

나뭇잎이 나를 타고서 낙엽 되어 내리면
가을은 나를 스쳐 물든다

여전히 사랑의 시간이란 것은
너무나도 짧아서

나는 어느 한 계절도 온전히 바라보지 못하고
잠시 피었다가 내내 져 있을 뿐이다

들린다면, 선율처럼 아름답게 들린다면
그건 내 마음이 그토록 깊은 상처가 생겼다는 이야기다

낙조가 모여 바위를 부순다
낙조가 모여 강을 이루고
그 강이 모여 바다를 이룬다

나의 마음이 그러하다는 이야기다
바위 같은 외피는 이미 부수어졌으니

남은 마음에는 상처만을 간직하는
낭만인이라는 이야기다

별빛 흐트러진 밤하늘에
잠들기 전 자그마한 소원
머리맡에 걸어두고서

이루어질 소원으로 나를 채워 넣는다

호감만으로는 사랑할 수 없는 나이기에
호감으로 다가온 너 역시 그러하길 바란다며

눈 감은 세상에 언젠가의 너를 그려 넣었다

얼마나 채워놓아도 부족할 너를 말이다

단 한 순간만이라도 - 16

이렇게 밤에 내리는 봄비가 추적이는 밤이면
잔잔하게 퍼져있는 비의 물결 따라

한걸음 한걸음 퍼져가는 그 걸음처럼
고요한 듯 큰 움직임으로

일렁이는 그대가 옵니다

그대, 나의 사랑하는 그대
어째서 울고 있나요
이미 흘러간 것들은 다시 붙잡을 수가 없는데

가시 되어 쏟아낸 아픔 자국들이
길 위에 흩뿌려지더라도
그것들을 다시 지워낼 수가 없는데

그대, 나의 사랑하는 그대
어째서 슬퍼하고 있나요
이미 흘러내린 것들은 다시 주워 담을 수가 없는데

넘어져서는 다쳐간 모든 상처들이
모든 길에서 남아 누구라도 알게 되더라도
그것들을 다시없던 것으로 만들 수가 없는데

그대는 피고, 지고, 피고 또다시 지고
그럼에도 다시 피고 그리고 또다시 지고

이제는 아실런지
결국 우리네 만남도
지기 위해 피워냈다는 것을

차마 흘러가는 그대를 붙잡을 수 없었던 까닭은
나 역시 흘러 사라져 갔기에

차마 흘러내리는 그대를 붙잡을 수 없었던 까닭은
나 역시 흘러내려 사라져 갔기에

그렇기 때문입니다

이제는 단 하루만이라도 함께 한다면
그것 외에는 소원이 없을지도 모르나

애처로운 마음과 소원들을
해님과 달님은 아는지 모르는지

그 소망들을 담은 나의 별하늘을
저 위에 걸어두어도 들어주실런지
그것을 모르겠습니다

단 한 순간만이라도
그대를 마주칠 수 있다면
그대를 바라볼 수 있다면
그럴 수만 있다면

아무것도 모르고, 어느 누군가 그대 곁에 있더라도
바보 같은 나는 그 한순간만이라도

그 마음 아실런지
달빛 속에 묻어놓고

영원히 내 곁에 있기만을
어김없이 찾아오는 매일 밤에 떠올리며

몸이 부서져 내린 데도
다시 한번 그대 품을 안아볼 수만 있다면
그럴 수만 있다면

이 떨어지는 봄비 따라
흩어지는 찰나의 꽃잎들처럼

나의 애달픈 마음도 일렁이며 사라집니다

어째서일까요 이토록 그대를 그리는 것은
나조차도 모르게 아파가면서

어째서일까요 이토록 그대를 사랑하는 것은
나조차도 모르게 잃어가면서

단 하루만이라도

단 한순간만이라도

다시 그대가 내 곁에만 있어 준다면
그래만 준다면 이 밤도 영원할 텐데

나는 처음부터 그대만 보는데
그대는 처음부터 그대만 모르기에

이 봄비의 밤을 빌려
나의 가슴 한 켠을 잘라내
오색 핏물로 이어진 길을
그 봄비가 내린 길 위에 퍼트려봅니다

어쩌면 그대는 아실런지요
언젠가는 나의 그 마음 조각들을

나와 같다면 - 17

생각이 들었다
문득 생각이 들었다

진심을 다해서
마음을 다해서
사랑한다고 말할 수 있는 그대는 잘 지내는지

나는 물론 그렇지 않다
그러나 나는 물론 괜찮다

그대가 떠난 후에는
가끔씩 비구름이 찾아와 나를 적시고

때때로 소나기에 기분이 좋다가도 우울해지지만

그러한 나의 마음 한켠에도
그대가 아무 일 없으면, 그대가 행복하다면
나는 물론 괜찮다

나는 나를 달랜다

가끔은 때때로 걷다가도 휘청이고

가끔은 때때로 누군가가 없다는 것이

크게 다가와 불 꺼진 방 안에서 혹여 달님이라도 볼까

숨죽여 내 모습 숨긴 채 웅크리고서는

아무도 모르게 내 눈물 훔치지만

나는 물론 괜찮다

아마 그대는 나와도 같아서

내가 겪고 느낀 모든 것들을 견딜 수는 없었겠지

분명히 그러하였겠지

그러니 내가 아닌 누군가와 행복해하는 그대를

마주하더라도 나는 물론 괜찮다

이상하게도 그대가 괜찮다면

이상하게도 그대가 행복하다면

나 역시도 그래야 할 텐데

이상하게도 화가 나기도

이상하게도 우울해지기도

이상하게도 전부 싫어지기도
해서 그래서 응원할 수 없었다

그러나 알고 또 알 수 있음을
나와 같은 그대는 견딜 수 없기에
그대와 같은 누군가가 필요했다고, 그래야만 했다고

그러니 그대의 행복 바라는 나는
이렇게 멀찌감치 서서

혼자 슬퍼하고, 혼자 우울해하고,
혼자 밤을 지새우고, 혼자 그리워하더라도
나는 물론 괜찮다

그대의 아픔을 내가 다 가져갈 테니
부디 아무 일 없이 행복하다면
내가 다 그리하겠다

내가 다 그렇게 할 터이다

여전히 그대가 밉지만
여전히 그대를 아끼고

여전히 그대가 밉지만
여전히 그대를 사랑하고

여전히 그대가 밉지만
여전히 처음과도 같은 내 마음은
여전히 그대의 미소를 마주한 첫날과도 같아서

나는 이렇게나 성장하고 자라왔는데도
나는 여전히 나 소년처럼, 그대만 생각하면 소년처럼 머물러서

사랑앓이에 지워져 간대도
그 속에서도 사랑을 하겠다

여전히 나의 마음은 불과 같지만
이제는 완전히 차가워진 뜨거운 불을 품은 얼음이 되어서

나의 마음을 다치게 하고 차갑게 만들지만
분명한 것은 이 불이 꺼지지는 않는다는 것이니

혹여라도 나를 마주한 그대가
어느샌가 그때를 기억하더라도

나는 변함이 없으니
부디 그대는 아무 일도 없이
부디 그대는 별 탈도 없이
부디 행복한 모습으로 내내
무엇보다 아름답던 그 미소를 간직하기를

몽환 - 18

꿈의 환상 이어지지 않는 이야기

몽환 속에서 거짓인 걸 아는지도
혹은 모르는 걸지도

몽환 속의 길들을 따라 흩어져만 갈 뿐

하늘은 수놓다가도 이어지지 못하고
저 사람들 바쁜 듯하면서도
이상할 만치 한가로워 나비와도 같다

헤매는 짙은 안갯속에서
그대와의 추억을 따라서 나는
한 걸음, 두 걸음

본듯하면서도 보지 못한 나날들 사이에서
나는 그대를 따라 어디로 가고 있나

전혀 보지는 못했음에도 본 듯한 나날들 사이에서
그대, 나를 데리고서는 어디로 가고 있나

몽환의 끝에서 그대의 손을 잡고
하염없이 달리기만

아무도 없는 시간으로
끊임없이 내달리기만

이 시간이, 이 나날이, 이 순간이
영원이어도 좋다
몽환인 걸 알아도 남아있겠다
무너지는 몽환의 끝에서도 나는
그대의 손을 붙잡고 놓지 않겠다

우리가 좋아했던 노래의 멋진 가사처럼
꿈이여 무너지지 말아주오

아직은 시간을 받아들일 수 없을 것만 같으니
조금만 더 그대의 손을 붙잡고 있을테요
하루의 나날이라도 함께 있을 터이다

아직은 함께하지 못한 것들이 너무나도 많으니
가고 싶던 곳으로 무작정 같이 갈 테요
원하는 모든 것들을 다 내어주리다

그러고 나서 우리 원하는 모든 걸 이루고서는
이 몽환의 끝에서 지는 석양을 바라보기로
그렇게 하기로 합시다

나는 아직 이 몽환을 벗어나면
그대 없는 이 마음 하나 추스르지 못하고

달이 홀로 깊은 어두운 새벽의 밤하늘을
별빛으로 이어 그대 얼굴을 그려
취해 쓰러지는데

어찌 그대는 어찌 그토록이나
처음부터 몰랐던 사람처럼 만큼이나
살아갈 수가 있소

나도 그대만큼이나 처음처럼 살고 싶어
기억을 지운다 하더라도
쓰라린 상처의 마음이 그대 곁으로 향하길 남아

빈 공간의 꽃밭들이 영영 피어나지 않으리다

그래서 이 모든 것들은 몽환이라 하더라도
나는 몽환 속에서 그대와 살아가겠다

그래서 이 모든 것들은 거짓이라 하더라도
나는 거짓 속에서 진실 하나만을 그대에게 주겠다

사랑을 하겠다, 사랑을 남기겠다, 사랑을 주겠다
전부 몽환으로 남아 흩어져서는
몽환 끝으로 사라진다 하더라도

표현 - 19

계절이 바뀌고
세월이 흐르고
새로운 사람을 만나며
변해가고 흘러감을 느꼈을 때

지나온 길을 되돌아본
나의 시간은 아직 너와의 그날인 채였다

연도의 끝마저도 함께하지 못한 슬픈 계절의 비애

나는 너의 이해심을 바탕으로
표현해야 할 것들을 표현하지 못했다

사랑을 그렇게나 공부하던 어느 어르신도 내게,
남자에게서 여자란 기쁨 아니면 슬픔이라던데

그 말은 언제나 빗나간 적이 없어서
무지개로 이어진 마음에 구멍이 하나씩 생긴다

시간이 약이라는 말은 거짓말
그 약을 찾는 것은 그저 시간이 도움을 준다는 것을 알았을 때

어느새 너의 감정은 익숙함에 점점 무뎌져만 간다

덧없는 세월의 끝,
깊어질수록 지워지지 않는 나의 무지개들이
먹구름이 되어 추억이라는 비를 내리고
그 추억이 흙이 되어 너와의 시간이라는 꽃을 피웠을 때
그렇게나 오랜 기나긴 시간이 지난 후에

또

그리고 나서야 오랜 걸음을 걷고 나서야 다시 뒤를 돌아봤을 때
나의 시간은 아직 너와의 그날인 채임을 그제야 다시 깨닫고

애써 부정하던 구멍 난 상처를 마주하는 용기로
기쁨에서 슬픔만 남아버린 추억을 되새긴다

수없이 이어진 수놓을 수 없는 여러 개의 밤하늘
그 밤하늘에 이어진 별 하나하나를 따라서

오로라에 기운 달 하늘의 너와
그 달 하늘을 바라보는 그리움의 나와
내일의 걱정 없이 오늘만을 사랑하던 우리를

어김없이 돌아오는 수만 개의 밤하늘에
너를 새긴다

잘 부탁하노라
너를 맡긴다

여전히 잔이 기운다
강철로 된 추억이 나를 때린다

새로운 시작 앞에서 - 20

무엇을 위해서 그토록 달렸던가

이뤄내지 못할 것들도
하나씩 이뤄내며
이룸을 꿈꾸던 어제와 비교하면

이미 조금씩 이뤄낸
내가 서있어서
나는 아프다

아마 이루고자 하였던 게
그게 아니었던 것 같다

나는 이미 여러 것들을 해내고서도
나는 이미 이룸을 꿈꾸던 내가 아프다

이루지 못할 만큼 멀어서
그저 꿈이라 말하고 또 다가가며
잊어냈다 우리의 것들을

맘 편히 목 놓아 울 시간에
꿈을 꿨으니까 울 시간이 없었다,
나의 울음을 돌볼 수도 없었다,
나의 울음의 시간들이 하염없이 아까웠다

그래서 나는 나를 몰랐다

너는 아무렇지도 않은 듯
다른 곳으로 향하고

나만큼 이상이나
너 역시 이뤄냈다

이뤄낸 너를 바라볼 때면
나는 이뤄내고서도
다시 아프다

새로운 시작 앞에서
여전히도 머뭇거렸다

마지막으로 돌아선 너의 등 뒤에
나는 푸른 장미로 길 위를 덮었다

어쩌면 네가 언제는 그 의미를 알더라도
양손에 쥔 푸른 장미를 간직하겠다

새로운 시작 앞에서
너를 그리고 말았다

이미 다른 네가
언제나 내 곁에 머물렀으니까

언제나 그리고 또 언제나
푸른 장미 꽃다발을 네게 전했다

네가 떠나는 길 위에 두고 간
너의 작약꽃이 남아서
나는 떠나지 못했다

깊이 남아버린 것이란
외면하거나 마주하거나
직시해서도 지워지는 것이 아니다

그저 남아버린다

너의 새로운 시작이니까
다시 너를 남겼다

나 역시 새로운 시작이니까
다시 나의 꽃을 남겼다

우리의 시대가 끝이 났으니까
겨우 이어 붙인 조각들을
하늘 위로 높이 던졌다

저 멀리 퍼져 사라지게

챕터3.

삶

슬픔 행성 - 1

외로움이라는 감정은 언제나 눈 감을 때면 찾아와
아른거리는 나의 불빛 속에
흐르지 않는 눈물들을 심어놓고서

거세게 치는 폭풍의 바다와도 같이
매일을 마지막처럼 여기게 되어

나지막이 마주하는 아침의 고요 속에도
나는 아침을 이루지 못하리라

보아라, 나는 아직 건재한데
저 파도가 나를 덮쳤음을

보아라, 날은 아직 밝아오는데
저 폭풍이 불어옴을

나는 서 있을 수 있지만
또한
나는 견뎌낼 수 있지만

그것이 영원하다는 것은 아니다
그것이 언제나인 것은 아니다

안갯속 잠긴 도시의 물방울처럼
내가 남는다 하더라도

나는 가라앉아 사라지겠지
어느 것보다 어두운 빛을 안고서

허나 분명한 것은
아직은 내가 있다는 존재인데

이 또한 감정의 무게에
나 역시
묻히는 듯만 그런 듯만 하다

불고서도 사라져도 좋으니
너는 나를 시련 주는
바다가 되어라

가라앉아 눈물 속에 잠겨도 좋으니
너는 나를 굳세게 만드는

폭풍이 되어라

다른 마음이라도 먹기에
너와 나를 놓아버릴 때면

네가, 내게 불어오라
네가, 내게 넘쳐오라

그러면 물들지도 못한 채
새벽을 맞이할 수 있겠지

여명 속에서 그 찰나를 빛내어준 꽃이
돌아보니 나였음을 알 수 있게

끊임없는 극야의 어둠을 허우적댄 것은
돌아보니 손길이 그리워서였다는 것을 알 수 있게

내가 나였음을 이 파도와
이 바람도 알고 있어서

때때로 불어오거나
때때로 넘쳐흐르면

내가 나를 이겨내기를 바라는
너의 작은 목소리라고 그렇게 말해본다

흐르지 않는 눈물이라 하더라도
변함없음을 간직하고픈 변함이라 하더라도

눈 감은 후에 찾아오는 것은 변치 않으니
결국 너도 나였음을 바라본다

내가 너였음을 알듯이

밤의 장송곡 - 2

난지도 모르면서 서가 되어 우는
그늘진 밤의 장송곡이야

때로는 북받쳐 오르는 시간의 감정들을
녹이지 못해 태우기만 한 대도

한 잔이라도 떨쳐낼 수 있다면
깊은 눈물이라도 내게는 좋다

초침 소리도 듣지 못해
일렁이는 가슴들아

기분이 나를 삼켜도
감정은 드러내지 않으련만

봉선화 잎이라도 따서
마음과도 같이 물들여

어디든지 또한 어디까지라도
흘려보내어도 괜찮다

알지 못한 감정,
그마저도 안다고는 하더라도

너를 집어삼키게 두지는 말아라

마음이 뜨거워질수록
너는 차가워져야만 하니까

용암이 깊이 네게 잠긴다 하더라도
너는 아무렇지 말아라

그대는 삼켜지기보다
모습 없이 견뎌냄이
그대를 말하니까

전부 타들어 간대도
그대는 여기 남았으니

화마가 휩쓸어진 숲에서
이내 다시 숲을 이루자

저만치 도망가 버린
숲의 생명들도
집어삼킨 형태가 아니라면
버선발로도 소리 내며 다가올 테지

중요한 것은 숲은 거기에 있었다
또한 지금도 그곳에 있다

키우지 못해 주저앉을 나날이라면
멈추어 서겠으나 그럴 수는 없으니

그래서 흘려보내기로 하였다
그래서 아무렇지 않기로 하였다

수채화 풍경 그 사이 - 3

영화 속 한 장면 되어
불어오는 바람이면 좋겠다

흐트러진 옷매무새를
정돈이 다리고서

수채화 품은 눈망울로
하늘을 그려보네

조각구름 흘러가면
머무르는 눈동자가

마주 봄으로 너를 담고
마주 봄으로 너를 그린다

나는 매번 색이 다른데
너는 어떻게 변함없는지

다른 너를 바라보면서
다른 너와 같아지고 싶다고

그런 생각을 해버린다

손이라도 흔들어 볼까
알게, 모르게 흘러가는
네게 인사하고 싶어서

혼잣말이라도 속삭여볼까
여유롭게도 스쳐 가는
네게 인사하고 싶어서

뿌리 스며든 나무 기둥에
잠시 머리를 내어

바라보는 수평선은
깊은 수면과도 같구나

모자가 앞을 가리지만
나는 잠이 든다

모습이 불어온다
영화가 불어온다

산들거리는 모습 따라
꽃들도 춤을 춘다

충만해진 풍경화에는
사실 그리도 비어 있는데

이미 꽤나 충만하다

아는 만큼 보이는 것들도 많은데
모르더라도 이렇게 즐길 수 있는 것은

녹아 흐트러진 조각구름의
마음들 덕분이겠지

수평선에 나도 마음 하나 띄워본다
또 무엇인가 충만해지겠구나

조각구름 하나 그 사이
꿈으로 그리던 것 하나

내려놓고서

떠 있는 구름 따라, 마음 따라
나도 두둥실 흘러가고 싶다

그 속에서 하나와 하나를
가득 채워나간다면

나 역시도 구름으로 남을까

그러한 생각에 네게 기대본다

살아가는 이유란 - 4

내가 살아가는 이유란 거창한 것이 아니다

낮과 밤이 지는 것을 반복하고
별들은 저 하늘에 떠 있기도
가끔은 곁으로 내려오기도 하는 것을
그저 바라볼 뿐이고

누군가와 만나 그것이 인연이든 친구이든
서로의 이야기를 하며 웃고 우는 것을
듣고 또 나눌 뿐이고

하루와 하루를 마무리하며
단칸방, 그 작은방, 내 방 안에서

창 사이로 밀려오는 저녁노을 그 시간에
오늘 하루도 수고했다며 기대앉아
지는 석양이 다 사라질 때까지 바라보는 것

그저 그런 것이다

매일 같은데 또 다른 하루를 살아가고
매일 같은데 또 다른 풍경을 바라본다

그 하루와 풍경을 전하고 싶어서 때로는
동네 어디선가 같은 풍경을 바라보았을
너에게 전화해 웃고 떠들고

가끔은 그 노을에 취해서
되도않는 이야기들을 적어놓는
후회의 글들을 다시 또 적어 내려간다

한 줄 그리고 또 두 줄 계속해서 적고
적어놓은 것들을 마음에 새기고서
다시 방 한 켠에 숨겨두고서

회전하는 밤을 따라 잠에 든다

그러면, 그러고 나면 그런 일이 없었던 듯
다시 또 오늘을 살아가는 그런 것들이 된다

살아가면 또 살아가다 보면
뜻하지 않아서 뜻대로 되지 않아서

슬프기도 눈물이 나기도 하지만
그것 역시 인생이기도 한 것을
다 울고 나면, 다 지나가고 나면 알게 된다

가끔씩 찾아오는 일상 속의 무력감
그 사실에 슬퍼하지만 기뻐해도 좋다
시련 없이 피는 꽃은 없으니까

결국에는 슬픔 그 감정 역시 나였다

사람이기에 살아왔고 사람이기에 지나왔다
사람이기에 외로웠고 사람이기에 슬퍼했다

사람이기에 웃어 보이고 사람이기에 누군가를 만난다
너 역시도 그럴 것이라 그대 역시도 그럴 것이라

우리는 "사람"이라고 부르고 우리는 그렇게 또 살아간다

결국 인생이란 것 그리고 살아가는 것이란
사람과 사람이 만나는 것이더라 그런 것이더라

그렇기에 오늘도 웃고 싶어서
그렇기에 오늘도 이야기 나누고 싶어서

그래서 살아가는 것이겠지
그래서 거창한 이유가 있는 것이 아닐 테지

그냥 사는 것이다, 그냥 살아보는 것이다
나의 삶이니까, 내가 살아가는 이유이니까

추억과 사람 - 5

사람은 사라진다
돌아가서는 별이 되어 마음에 남는다

사람은 추억을 만들고
추억은 이어진다

추억은 다시 추억을 잇고
그 추억은 다시 사람을 잇는다

별이 되어 떠나더라도 남는 것은 추억이라
사람들은 사람의 추억에 대해 이야기한다

별이 된 사람은 어떤 이에게는 한 사랑이었고
별이 된 사람은 어떤 이에게는 영원한 친구였다
별이 된 사람은 어떤 이에게는 마음 따뜻한 이웃이었으며
별이 된 사람은 어떤 이에게는 그저 고집 있지만
미워할 수 없는 그런 사람이었다

별이 된 사람은 한 사람인데
기억되는 사람은 여러 사람이다

모인 사람만큼 별은 많이 지고
모인 사람만큼 추억은 깊어져 간다

추억과 추억을 이어 "별자리"라고 했던가
언젠가 떠날 그날이 나에게도 온다면
그 별자리는 어느 누구에게서 어디로 이어질지 모르지만

이어진 그 자리에서 어디선가 바라보고 또 지켜보겠지
어두운 하늘에 빛을 내며 희망을 노래하겠지

그러니 그런 나의 마음이 나와 같다면
이어 나갈 별자리에서 별이 된 사람들 역시
밤하늘에 밝게도 빛나고 있을 터이다

빛을 내주오 언제나 빛나 주오
나 역시 그대라는 희망을 잊을 수 없게

영영 떠나 다시는 못 볼 별님이시지만
그것이 완전히는 아니라 어디선가 다시 만날

별님이란 것을 어렴풋이 알고 있습니다

그곳에서는 해님 뜨시는 날에는
차분히 눈을 감고 산과 들을 느끼오며
해님 지고 달님 뜨시면 다시
오늘의 안부를 물어보며 밝게 빛나 지켜볼 것을
무척이나마 알고 있습니다

멀리 떠나계시지만
식사는 잘 하고 계신지요?
날이 추우니 몸 건강은 챙기시는지요?

별님 되어도 사뭇 당신 걱정은
이루지 못한 걱정만큼이나 더욱이 하기에

부디 웃는 모습으로 비추어 주었으면 좋겠습니다

별님 다시 만날 날을 고대하며
사뭇 떠나간 별님이 그리워
지금 당장은 만날 수 없음에

뜨거운 불을 집어삼킨 듯 때때로
마음과 가슴이 아파오기도 하고

그것에 더 불이 붙어 다 타버리게
이렇게 독한 한 잔, 두 잔으로
더 태워 나가게 두곤 합니다

그렇게 다 태우다 보면 별님
나도 그대처럼 별님 될까
그러면 그대 볼 수 있을까
그런 마음으로 당신 쳐다보지만

아무 말 없이 그저 빛나고 계신 까닭은 아마도
제가 있는 이곳이 떠난 별님 당신에게도 별로 보일까 봐서
다시 한번 나도 빛내봅니다

그렇게 살아갑니다

자 그러면 우리는 또다시 언젠가 만납시다 별님
나는 여기 서서 항상 그대를 바라보고 그리워하고
빛나고 그대를 그릴 테니

불금 - 6

해와 구름이 숨바꼭질하는
시간이 다가오면

모이자 어서 모이자
힘든 일랑 잠시 잊고

너와 나 우리가 웃고 웃을
이야기를 나누어보자

꼭꼭 숨어라 웃는 소리 들켜
질투 난 해님 다시 돌아올 테니

꼭꼭 숨어라 이야기 소리 들려
궁금한 구름님 몰래 다가올지 모르니

오늘은 마셔라
내일도 모르게

오늘은 취해라
내일도 모르게

밤을 달려 밤이 저물어가면
그제야 집으로 발걸음 옮겨보자

더욱이 즐거울 나날이니까

함께 빛을 피워보자

가끔은 잊고서 살기도 하지만
너와 나도 그저 사람이다

때로는 웃으면서 보내야지
때로는 웃음으로 보내야지

비극을 희극처럼 보내야지
함께 모여 이야기를 해야지

오늘은 어제의 이야기
오늘은 얼마 전의 이야기

구름도 구름을 모르게
이야기 한시름 피워놓으면

어느새 아침이다
별빛도 별빛을 모르게
이야기 한 아름 담아놓으면

어느새 아침이다

푹 놀자 푹 놓자
마음 말이다

다시 또 준비를 해나가려면

주말이라는 시간이 너무나도 소중하니까
오늘을 불 피워 마음이라도 놓고 지내자

저들도 놀러 온 것 보면
보아라 사람 사는 것 다 비슷하잖아

너라도 다를 바 없다
나라고 다를 바 없다

사람이니까 쉬어간다
사람이니까 쉬어갔다
사람이니까 쉬어야 한다

그러니 멋진 휴식을 즐기려면
오늘을 마음껏 즐겨야겠지
그래야만 하겠지

그러니 밤이 새도 모르게

질투 난 해가 떠오르게 이야기하자
몰래 다가온 구름님 떠오르게 이야기하자

하얀 거짓말 - 7

어디까지인지도 모르는 진심
진심은 진심인가 혹은 거짓을 투영한 진심인가

빛마저 그림자를 품고 있다는 것을
왜 알지 못했었나

슬픈 교향곡에 지휘되어
연주되는 마음을 닮은 춤사위

웃기만 하는 관중들은
제 속 그 길을 알 턱이 없다

한낱 열심히 밖에 알지 못하는
하나밖에 모르는 어리석음

진실됨에 열심히였고
순수함에 열심히였다

아주 가끔 물드는 언어에
그대의 언어가 보일 때면

그것이 진실인지 거짓인지도 헷갈린 채로
진짜인 것을 찾으려 부단히도 가슴이 아파온다

좋은 거짓말, 착한 거짓말
그것은 그대들의 기준이었을 뿐이다

긴 밤을 지나 떠오르는 여명을 맞이했을 때
사실은 여명이 아니라 황혼이 저물어 갔던 것이었음을

소나기가 그치고 맑게 개어진 하늘을 보았어도
그 끝내 목전까지 차오른 물은 느끼질 못하였더라

낙조로 이어진 그 바다에 돌을 던져본다
보일 새도 없이 가라앉는 그 돌

그게 무엇이라고 다시 그 돌을 찾아보아도
찾을 수는 없다 하였다더라

얼룩진 언어로 얼룩져버린 속의 마음들은
속앓이로 이루어졌더라도 빛을 담고 가두려 하는데

그 마음을 담는 그릇은 어둠만을 담고 가두려고
그러려고 하였다더라
어둠 속에서도 꽃은 피어난다
그대가 그것을 모를지라도

바닷속에서도 꽃은 피어난다
그대 역시 그 사실을 알지라도

결국 색도 못 피워낸 채로
심연에 잠긴다 하더라도

긴긴 그 밤의 끝내
홀로만의 꽃을 피워내겠지
분명 그러하겠지

그렇다면 그대도 그 꽃 위에서 쉬다 가겠지
그 또한 분명 그러하겠지

그러나 오지 않기를 고대할 것이다
그러나 홀로 간직하여 다른 이에게만
그 꽃의 자리를 내어줄 터이다

가치를 알아서가 아니다
그 아름다움을 알아서가 아니다
그 무엇도 아니다

기나긴 어둠과 심연이
얼마나 깊었는지 그것을 알기 때문이다

불꽃 - 8

타오르는 연기 피어나 저 하늘로 올라간다
검고 희미한 무엇인가 그 사이로 일렁이고

타들어 가는 불꽃 속에서 바람결에 흔들리는
어쩐지 삶을 닮은 그 불꽃

이름 모를 낱말만이 머릿속에서 중얼거리듯
그 속에서 읊게 되고

피어지듯 돌아서는 하루의 끝에서
시계처럼 흩어지는 하루의 나날

몽환 속을 걸어가듯
홀린 불에 취해 웃고

제 넋인지 아닌지도 모른 채
그저 연기 속을 헤맬 뿐이다

무엇을 보았는지

무엇이 보이는지
아는 것은 하나 없으나

그저 바라보는
그저 보고 있는

그 풍경 속이 아름다워
떠오르는 사진 같은 기억들

타오르는 모든 것들에
기억들마저 앗아갈 듯한 그 불꽃들이

연기가 되어 한 아름 꽃이라는
단어로 피어날 때

밀려오는 설경들처럼 거부할 수도 없이
그저 하염없이 아름다움이었다

연기 속에 갇혀 숨도 쉬지 못하고
쓰러져 간대도 넋을 놓을 수 없고

불꽃 위에서 불이 올라
그 한 몸이 타들어 간대도

넋을 놓을 수 없고

그저 넋을 놓고 바라봄이다

어쩌면 저 불꽃처럼 물에서부터
우리가 나고 자란 것이 아닌

불꽃 같은 열정과 낭만이
있어서였을까

이상하리만큼 무서우나
이상하리만큼 아름답고

가까이 갈 수 없으나
가까이하고 싶은 알 수 없는 것

그저 바라볼 뿐이다
그저 이렇게 볼 뿐이다

단지 그뿐이고
단지 그뿐이었고
단지 그런 것이었다

마음 누울 곳 - 9

멀리 우는 뻐꾸기 그 소리를 듣고 있노라면
잊었던 마음이 먼 길을 돌아 다시 왔노라 라고
말을 해주는 것 같다

무엇을 물어왔을고
소쩍소쩍 우는 그 소리에

무섭게만 느껴지는 어두운 산의 공기가
무척이나 경건함으로 바뀌어간다

그 소식을 따라 귀를 기울이면
바람이 나뭇잎들과 악수하고

그 소리를 따라 귀 기울이면
어디선가 달의 이슬이 흐르는 소리를
듣게 된다

스산한 바람이 산을 따라 오르는
여름의 어느 날 밤

울리는 달빛의 공명 따라
이어진 은하수의 길들로

오르고 또 걷는다

끝없이 펼쳐진 밤하늘 위로 이어진
별과 별의 노래들

그 소식들을 전하려

오늘날 네가 불어왔나 보다

그 이유에
머릿밑으로 나뭇잎 하나가 떨어진 이유는
스쳐간 나뭇잎 하나의 추억과 기억들을
알려주려고였겠지

여러 날의 별빛과 밤하늘을 들려주려였겠지
여러 날의 노래들을 보여주려였겠지

숨을 크게 들이쉬고
숨을 크게 내뱉는다

긴장을 풀어내고
자연에 나를 묻는다

편히 누워 하늘을 바라본다
편안해진 몸과 마음을 포개어

소박한 두 손에 담아
입으로 후하고 흘려보낸 후에

다시금 숨을 마시고
다시금 숨을 내쉬어

이 자연을 그려본다

다시금 그 뻐꾸기가 운다
다시금 그 달의 이슬이 흐르고
다시금 그 마음이 누워 잠에 든다

나의 벚꽃잎 - 10

벚꽃과도 같은 나의 청춘을
다 가져간 나의 사랑아

애먼 눈으로 바라보아도 보이는 것은
한 송이의 꽃이어라

비바람으로 얼룩진 나의 계절에는
못다 한 추억들로 가득 피어버린
나날들의 꽃망울들이 만개하였다

바닥 위에 흩뿌려진 나의 소년아
울지 못해 울음을 참기도
울었기 때문에 져 버리기도 하지만

나의 소년아 너는 눈물을 보이지 말거라

모든 것은 흘러가기에 인연이었다
모든 것은 이어지기에 청춘이었다

어른이 되어가는 소년아 너는

그 길 위에 올라간 순간부터
어떠한 갈래로 걷더라도
그 끝에는 짓이겨져 버린

꽃들만이 애처롭게 고개를 들고 있을 줄로만
그렇게만 알았으나

어른이 되어버린 내가 대답하기를

그 길 위로 올라간 순간부터
어떠한 갈래로 걷더라도
그 끝에는

누가 무엇이라 한들
내가 가꾸고 피워낸 꽃들로
가득한 것이었다

찰나로 스친 것도 인연이었고
그 찰나에서도 씨앗을 품어
이름 모를 꽃이 되었으니

자, 보아라
무척이나 아름다워

벚꽃잎처럼 스러져간 나의 청춘아

그 사랑들을 다 가져간다 한들

일구고 피워낸 나의 꽃은 그대로
그곳에 남았으니

아름답지 않을 리가 없다

그대의 청춘이 흘린 눈물만큼
그대의 땅은 일궈지고
그대의 꽃은 고개를 들어 활짝 피어오를 테니

스러져가고 다 잃었던 나의 청춘아
그럼에도 불구하고 나의 사랑아

아직은 불타오를 시원한 여름 나날의
청춘과도 같으니

너의 청춘은 꽃피워라
그러면 나는 조금 먼 곳에서 기다릴 터이니
무엇이 되었든 흐르며 피워내어서

우리네 길 위를 향기들로 품어
지나간 청춘을 그려주오

그런 마음 - 11

아마도 그렇게 생각해 본 적은 없는데
무척이나 아닌 척하며 견뎌왔던 것만 같다

스치는 바람에도 공허함을 이겨내지 못하고
스산한 마음에 기우는 저 달밤처럼
이리저리 스며들어 달랠 길 없는 빈 수레를
굴러갈 새도 없이 끌려가는데

무엇이 공허함인지도 제 알지도 못하고
그저 빈속만 채우려 하니 허한 것들에
휩쓸려서 제 것도 제 것인지도 모른 채

날이 밝아오는 것도 알 새 없이
마음만 바라보고서는
아무 말도 없이 얼마나의 시간을 지새보낸다

무엇이 얼마나 지나야 이 빈자리가 채워지는지
무엇을 얼마나 얻어야 이 빈자리가 채워지는지

이미 많은 것들을 지내고, 이미 많은 것들을 채워냈으나
꿈에서도 알 수 있는 것은 그것은 채울 수가 없는 것
그것은 영원토록 이나 빈자리로 남는 것 그래서 영원한 것

비교하지도 말아야 할 것들로
비교를 해버리는 마음은

그 깊은 공허함 옆에 더 아픈 상처들을 만들고서는
더 깊은 공허함 그것을 바라볼 용기마저 앗아가는 것
차마 정리되지 못한 화살들로 하여금
불현듯 시리게도 아려오구나

이렇게나 정리할 새도 없이 빈 하늘을 쳐다보면
아련한 하늘이 무엇보다도 포근한데

알 수 없는 빈속을 채우려
이 하늘을 한 잔 삼키더라도
무엇인가 비워져 버린 마음이 채워질 수 있겠느냐

빈속을 앗아가는 것은
다 불태우지 못한 독한 한 잔들을
넘기는 것이오 휩쓸려가게 두는 것이다

푸른 실 엮어 바라던 것들을
다 잊고, 다 잃어도 좋으니

야속한 세월들아
부디 느리게만 흘러 다오

원하던 것은 어른이었으나
책임감만 가져버린 탓에
이제는 웃더라도 웃음이 아닌 것을 알아버렸으니

아무도 없는 밤거리에 우두커니 서서
누구를 비추는지 모를 이 가로등 불빛 사이를
가로지르는 낙하하는 벚꽃잎의 길 따라

잎들 흔들리듯
나도 흔들려 본다

흔들리는 걸음 따라
흔들리는 마음들은

이 밤에 몰래
저 달과 별만이 알겠지

알 수 없는 공허함 들은
여전히 아무도 알 수가 없겠지

그런 마음이겠지

4월은 너의 거짓말 - 12

네가 떠난 사월의 1일에는
나의 마음이 도려내진 듯

뜨거운 눈물이 단전에서부터 올라오기에
끓어오르는 눈물들을 참을 수 없어

소리 없이 큰 목소리로 너를 그리며 운다

벚꽃 피는 계절에
무엇보다도 아름다웠을 이 나날들과 너는

무엇보다도 아름답고 가슴 아프게
우리네 품을 떠나고 말았다

아직도 너를 생각하노라면
아직도 가끔은 네가 부르는 것만 같다

장난이 심한 나의 친구와 내가 웃고 있노라면
분명 너는 찾아와서 우리를 말렸겠지

꿈이 무엇이냐는 사람들이 나타나 있노라면
분명 만화를 좋아하는 너는 그림을 그리고 싶다 하였겠지

무엇보다도 아름다웠을 너의 계절을
무엇보다도 사무치도록 아팠고

무엇보다도 어여쁜 너의 모습은
무엇과도 바꿀 수 없어 너를 떠나보내야만 했다

운명의 신이 있다면 나는 나의 나날들을 놓아버리더라도
너의 나날들을 되찾으려 운명의 신에게 으름장을 놓겠다

시간의 신이 있다면 나는 어떠한 시간이 걸리더라도
너의 잃어버린 시간들을 되찾으려 시간의 신을 속이겠다

무엇보다도 가장 큰 것은
무엇으로도 너를 되돌릴 수는 없다는 것

매번 돌아오는 같은 시간 다른 나날의 오늘에는
나의 마음 역시도 같은 시간 그러나 다른 나날에 머물러서

용암과도 같이 뜨겁고도 마음 아픈 나의 시간을
하늘 위에 그려

먹구름 없는 하늘에 비 내려
나의 두 볼을 스치고 흘러내리고

멈출 수 없는 것들을 되돌리고 싶어
황금빛 모래들을 한 움큼 주워서 옮겨보지만
자그마한 손 틈 사이로 모든 게 흘러버려지고 만다

애써 주워 담아도 나의 틈 사이로
작은 틈 사이로 흘러내리는 모래들

야속한 너희에게 화풀이를 한들 돌아오지 않고
야속한 너희에게 울분을 토해내도 대답 한번 없는데

나는 무엇 하나 어느 것이라도 되돌리고 싶어서
모든 것들을 부정해야만 했다
아니 그럴지도 모르겠다
아니 그랬을지도 모르겠다

여전히 벚꽃이 만개하는 아름다움의 계절
따듯함 그러나 때때로 차가운 바람이
아니 가슴속을 시리게 하는 바람들이 불어올 때쯤

거짓말보다 거짓말 같은 소식들은
웃음으로도 넘길 수 없는 것들이라

나는 웃어 보이지만 웃을 수 없었다

아직도 그날들을 기억한다
우리가 만나며 추억한 그 나날들을

너는 웃고 또 고마워하고 인사를 건네었지

아직도 그 시간들을 기억한다
우리가 만나며 추억한 그 시간들을

너는 웃고 또 고마워하고 인사를 건네었지

분명 나는 추억하고 또 기억하니까
너는 계속 살아간다고 나는 그렇게 믿을 것이다

오늘 같이 시려오는 사월이 오는 날에는
네게 묻는다

혹시 누운 자리 춥지는 않은가...하고
혹시 다시 돌아올 때는 어떤 모습인가...하고

그러나 매번 대답은 없고
아무 말 없이 흘러가는 그대

그러니 불어오는 바람에 소식 실어
내게 들려주었으면 좋겠다

거짓말이더라도

거짓말이라도 좋으니

나무 - 13

강함을 전제로 버티는 올곧은 나무

어찌나 두터운지 제 등 하나 보질 못하고
자신 있노라 외치며 불어오던 바람도
이내 겁을 먹고는 발길을 돌린다

비가 내리면 비가 내리는 데로
매서운 바람이 불면 바람이 부는 데로
눈이라도 내리면 눈이 내리는 데로
천둥번개가 반긴 데도 그 자리에 우두커니 서서

기대는 누군가들의 나무가 되어주고파
나무도 나무가 필요한지도 모를 만큼

나그네에게 가지를 내어주고
어린 친구를 위해 과실을 내어주고

잎이 지더라도 다시 피어남을 알기에
아낌없이 나눠주고

다시 그 자리에 머물러 기다리고

나무가 힘든 것 그런 것쯤이야
지고 피는 잎사귀처럼 바람결 따라 흔들리는
감사함의 한마디에 나무는 그대들의
등이 되었는지도 모른다

가진 것이나 이룬 것 하나 없이도
이토록이나 가졌으며

가진 것이나 이룬 것 하나 없이도
이토록이나 이뤄냈다

나무는 나무가 필요한지도 모르면서
나무도 나무가 필요한지도 알았으면서

나무는 나무 없이 나무가 되고자 하였다

단지 누군가의 나무가 되어주기 위해서
단지 누군가의 나무가 되어주고팠기 때문에

풀잎은 지고 피고 바람은 흐르고
계절을 흘렀다 되돌아오며
겨울과 여름을 주고받을 때에

시간이라는 것은 상대적이었음을

이제는 바스러지는 나뭇잎에 기울여
풀 노래 들려오면

기댈 나무가 있었을 때 더 기대어 볼걸

나무는 어쩌면 누군가에게 기대는 것이
무서웠는지도 모른다

강인해지기 위해서였는지도
약한 모습을 기댄 이에게 보이고 싶지 않았는지도
우두커니 서서 나무이고 싶어서 였는지도
그랬는지도 모르겠다

눈치 - 14

잘해야만 하는 것
못하면 안 되는 것

눈치 아닌 눈치를 보고
자신에게까지 시험을 받고

아픔마저 외면하는 용기로
돌보아야 할 것들을 돌보지 않고

용기가 가득한 그 다짐들로
정작 용기 냈어야 했던 것들에는 겁을 내고

노력이라는 단어 없이 특별함을 원하고
실패와 실수 하나 없이 성공을 원하고

성공을 원하면서 도전을 두려워하고

그저 이어 나가며 탓을 하는 것들

강철 꽃 손끝으로 이어나가
피로 물들여 홍선화 가득 피어오르게 하지 아니하고

눈꽃으로 이어진 옷을 입어
온몸을 붉은색으로 치장해 도깨비가 되지 아니하고

입에는 단것, 손에는 재물
무엇 하나 부족하지 아니하고
그러면서도 없는 무엇의 삶들을 이해하지 아니하고

가시밭 그 끝의 무언가 얻으려
그 길을 걷지 아니하고

다가오는 베풂과 나눔의 아지랑이에
손 내밀지 아니하고

그저 이어 나가며 탓을 하는 것들

알고 있다
두려움을 이기기에는 힘들다는 것

알고 있다
누리거나, 취하거나, 아파하는 것
쉽지 않다는 것

그러나 알아는 두어라
용기 낼 수 없어도, 이길 수는 없어도
포기하거나 회피하지 말아야 함을

한 걸음의 계단부터 이어 나가야 함을

그대는 알 터이니 오늘의 울음을 내일로 미루지 말라
서투른 그대는 잘못된 것이 아니니

도시의 밤 - 15

소복한 거리 위에
눌러앉은 은은한 도시 빛들 사이로
춤을 추며 흘러가고 싶다

아름다운 선율에 맞춰서
이어지는 길 따라 그 길이 어디든
은은한 빛깔에 맞춰서 나는 춤을 추고 싶다

가로수와 가로등은 고개 숙여 인사하고
길 위에 우체통과 신호등도 소리 내며 웃어주는
그 길 위에서 고요한 적막을 느끼며
빛들과 함께 춤을 추고 싶다

도로 위는 꽃밭으로 물들고
불 꺼진 건물들은 빈자리 없는 객석이 되어서
화려한 불들로 꺼졌다가 켜졌다를 반복하며
앵콜을 요청하고

찬 공기에도 차갑다는 것은 하나도 느껴지지 않는
열정으로 가득 찬 춤을 나는 추고 싶다

시간이라도 있고 또는 없고
어느 날이라도 있거나 혹은 없거나

구애에도 구애받지 않고서
흘러가는 대로 흘러가면서
자유보다 더 자유로울 만큼이나
우리네 마음을 표현하고 싶다

날이 갈수록 더 단단해지는 이 길거리를
나는 포근하게 안겨주는 길거리로 만들고 싶다

날이 갈수록 차가워져서는 제 갈 길 바쁜 편지와 불빛들을
서로에게 안부 전하는 따뜻한 모습으로 만들고 싶다

무엇인가 홀로 남으면
무엇인가 친구가 되어주고

무엇인가 힘들어하면
무엇인가 손을 내밀어 주고
너무나도 쉽지만
너무나도 어려운

이 길 위를
함께라는 것으로 만들고 싶다

그러니 춤을 추겠다
낮인지도 밤인지도 모를지언정
그대 마음을 불태우고

아무것도 그 무엇도 지나지 않는
교차로 사이를
마치 무대인 것처럼

불빛들과 함께 빛내어 춤을 추겠다
오색 빛깔의 춤을 추겠다

색의 선 이어 마음을 이어
빛들을 이어 나가겠다

그리고 불태운 그대들의 마음에
한 송이의 꽃을 남기고 가겠다

그래서 춤을 추겠다

바보 - 16

우리네 인생은 외로이 시작해
삿대질 받는 삶이다

시작의 문턱에서 고민하느라
여정과 예정을
고쳤다, 지웠다, 써 내려갔다를 반복

시작으로 들어서고서도
감추고 숨기고 몰래 노력하고

같은 길 위의 나그네들을
시기하고 질투하기도 하면서

또한 걱정의 나날에
자신의 것을 지키기 바쁘다

다시 모든 걸 내려놓고 현명해지더라도
예고 없는 사랑 앞에 다시 바보가 되고서는
두 갈래를 모두 탐하려다 두 갈래를 모두 놓쳐서

어리석음을 반성하다 자기 정신으로
사람을, 사랑을, 가진 것들을 포기한다

삶은 다시 수레바퀴처럼 흘러감을
높고 낮음이 있음을 알게 되었을 때에

지혜로운 무력으로
스스로의 고행을 거쳐
마음의 욕심을 깎아

욕심들마저 본인임을 깨닫고
다시금 지혜로운 욕심으로

두려움에 도전하고
두려움에 가까이하며

눈앞의 희망에 어찌할 수 없음일 때에

결국 그제야 홀로서는 도달할 수 없음을
진정한 누군가가 그리워짐을 받아들여

희망의 빛이 따뜻한 불씨로 하늘에 가득하게 함이다

그리고서는 돌아본 행적들에
본인이 본인을 심판할지언정

같은 생의 삶에
이미 다른 생의 삶으로 들어섬을 깨우침이라

그대 결국에는 알게 된다

그대 결국 다시 홀로 걸어감을
그대 결국 다시 바보가 되어감을

그러나 그대 그대는 알고 있다
여정의 끝을 여정의 결말을

그러니 같은 길 위의 바보들을 나무라지 말라
그대 역시 걸어야 할 길이니까

저 바보들도 그대와 다를 바 없을 테니까
저들의 모습이 그대였듯

세월 - 17

세월에 동경하는 것은

무릇 무엇인가를 잃어버리고도 잃은 줄도 모르고
세월에 동경하던 이유도 잊은 채
아무도 볼 수 없는 방에 홀로 들어가
뜨거운 한숨을 눈으로 내뱉을지어다

긴 긴 한숨의 끝에 '세월' 그 이름이 다시 떠올랐을 때
동경하던 모습이 동경하지 않은 모습으로

'세월'
다가옴을, 그리고 다가왔음을 알았을 때

뒤돌아본 세월의 흔적은
세월에게 부끄러워 고개를 들지 못했다
무엇 하나 바뀐 것은 없고
세월을 동경하던 모습 그대로 세월만 지났음에도

여러 모습 속에 여러 색의 비단옷을 갈아입던 모습 없고
여러 모습 속에 여러 색의 세월을 고대하던 모습 없고
여러 모습 속에 여러 색의 빛이 감도는 안광 역시 없다

'세월' 그렇게나 동경하고도
'세월' 그 이름의 벽에 울고
'세월' 그 이름에 그리워하고
'세월' 그 이름으로 다시 배우네

결국 세월이란 것은 만드는 것이었더라
결국 세월이란 것은 흘러가는 것이었더라

이제는 그 이름 앞에
그 이름을 꿈꾸던 가슴으로
그 이름을 내비칠 수는 없다 하더라도

다시 하여금 그 조그마한 발자국을 남기기 위해

'세월' 그 길로 하여금 걸으리라

그로 하여금 그 이름을 다시 되돌아보았을 때
그 이름을 동경하던 꿈 꾸는 모습으로
또다시 누군가의 '세월'이 되리라

'세월'
아직 걸어야 할 길이 많아도
조금만 더 걸어가리라

'세월'
아직 그 끝을 다 알 순 없어도
그 이름으로 다가가리라
변화해 가리라

그래, 걸어가리라
그래, 앞으로 나아가리라

우주가 보이는 창문 - 18

별 놓은 수많은 하늘
날을 세어도 다 헤질 못하니

끝은 알 수 없고 얼마나 넓은지도
채 알 수 없음이어라

모두가 단잠을 이루고
홀로 불 꺼진 방 안에서
화면의 불빛으로 반짝이는 방 안에서

창문으로 보이는 우주가 담긴 풍경
그리고 그 끝을 알 수 없는 곳을
끊임없이 헤엄치는 저 별들

부리나케 달려가 사라지다가도
한자리에 우두커니 서서 지켜보다가도
조금씩 나아가다가도
그러다가도

헤엄치곤 하고, 걷기도 하고, 뛰기도 하며
쓰러지듯 걷기도 하였다

어딜 그렇게나 살아가는지
말 걸어도 말이 없고 그저 앞만 보기만을

무엇이 그렇게 하게 하였는지
곁으로 다가가도 아무것도 없다는 듯 무신경을

결국 창문 너머로 보이는 우주마저
수많은 아름다움이 느껴지지만
실은 굉장히나 어두운 우주처럼
수없이 차가운 것이었다

생이 다하더라도 우주
그 끝을 알 수 없지만

삶이 이어지는 동안에는 우주
그 속에서 웃음으로 바스러질 테다

어느 날, 어느새
방으로 찾아온 우주

그 깊이도 알 수 없지만

어느 멋진 날의 때에
그런것인들랑 신경 없고
생을 이어나가리

오늘도 밤하늘의 저 수많은 별들을
다 헤지는 못한다 하더라도

언젠가 밤하늘의 저 수많은 별들과
다 친구가 되어
매일마다의 긴 밤을 모두에게 전하리라

널리 알고, 널리 퍼져
모두의 방에 우주가 보이는 창문을 선물할 터이다

그리 하여금 미소를 남길지어다

그런 것들 - 19

비어서, 속이 비어버려서
허여멀건 마음 가지의 빛의 색이 바래질 무렵
들려오는 색들의 노래

기나긴 저 가지 곧 부러질 듯 하나
그 무엇에도 휘어지지 않고, 부러지지 않고

그저 수평선으로 이어져 지탱하는 마음의 고향

내달려 가는 기차를 잡으려
무수히 달리려 했나
잡을 수 없음을 알면서도
달리려 하는 그 마음에

너무 늦어버린 나의 탓이오
일찍이 기차에 오르지 못한
늦어버린 시간에 더 늦어버린
바래진 시간을 탓할 뿐

눈 멀리 바라보았을 땐 그저 아직
인생을 살아가야 할 때인 줄 알았건만

눈앞에 다가왔을 때는 살아가느라
놓쳐버린 것들을 다시금 부여잡으려 애쓰고

다시금 후회라는 덫에 밀려 이내서는
눈물을 참아야만 하는 것

바라만 보았던 이야기들이 하늘을 떠도는
수십, 수백, 수만 개의 총알이 되어서는

바라만 보았던 시간만큼 갈기갈기 찢어놓고서
다시금 되돌릴 수 없게 만드는 것

그래서 이제는 바래진 시간의 색만큼이나
더 바래진 조각들을 볼 수밖에 없게 만드는 것

결국 너무 늦어버렸나
지나온 추억들이 이따금 기억으로 바뀌어서는
다른 선택과 결과라는 향수로 나를 유혹하지만

결국 흩어져 버리는 이 향수처럼
지나온 추억들이 이따금 기억으로
향수되어 각인으로 남아 더이상
향수를 바라볼 수 없게 만드는 것

그런 것들,
그래 그런 것들인가 보다

각인으로 떠올랐고, 향수로써 떠올랐고,
추억으로 떠올랐고, 기억으로 떠올랐고,
사랑 그리고 사람이 되기도 하던 것 그런 것들

조바심이라는 이름으로 타들어 가는 마음을 붙잡고서는
안도의 한순간을 위해 모든 걸 참고 계속 달리는 것,
그런 것들

그런 것, 그런 것들

놓아버리고 싶어도 놓을 수 없고 어딜 가든 따라와서
고요함의 통공으로 목 놓아 구슬피 노래 부르게 만드는
그래 그 모든 것들

그래 그런 것인가 보다
그래 그런 것들인가 보다

빛이 나는 과거 - 20

빛은 나아간다
누구나 빛을 품어서
빛은 나아간다

올곧다, 그렇지 않다.
나아간다, 뒤처진다

그냥 단순히 있을 뿐인데
정의를 내렸던 것은 누구인가

당신의 정의가 내 정의와는 달랐기에
우리는 빛을 숨겼다

정체, 그리고 사그라드는 빛
왜 전해지지 못했나

내가 잘나지 못해서 그런 것이 아니다
그렇다고 당신이 그런 것도 아니다

또한

내가 잘나서 그런 것이 아니다
그렇다고 당신이 그런 것도 아니다

그냥 나였다
그냥 당신이었다

빛을 이어 빛을 엮는
단편의 아름다움만 바라본 그대에게는
내가 가진 과거가
무척이나마 빛났을 테지

바라본 단편의 끝에서
나만큼 빛나지 못한
당신의 빛은 초라하게만 느껴졌을 것이다

나는 당신의 빛을 붙잡고 이야기해야만 했다
나의 과거는 지금부터 그 어디까지
결코 아름답지 않았다

나는 당신의 눈을 마주하고 이야기해야만 했다
나의 현재들은 지금까지
결코 빛나지 않았었다

당신이 있어 빛을 이뤄갔음을
그대가 있어 아름다움을 배웠음을
스쳐 가는 이가 있어 따스함을 나눴음을

그래 나의 과거는
그렇게 스쳐 지나왔을 뿐이다

빛나거나 아름답거나 그 모든 것은

내가 아닌 이어짐이 있어서다

어쩌면 또한
당신도 이어갈 테니

그 빛나는 순간을
내가 나눠보겠다

그저 아무 말 없이 받아라,
그저 아무 말 없이 이어라

빛은 나아가니까
그 길 위로 이어짐이 있다

그래서 단편적이더라도
우리는 모두 빛났다
또한 빛날 수 있었다

그 사실을 모르는 당신이더라도
당신은 빛났다

만약 언젠가 너를 신경 쓰지 않는 나날이 온다면

초판 1쇄 발행 2024년 11월 20일
초판 1쇄 인쇄 2024년 11월 20일

지은이　　하다니엘

디자인　　포레스트 웨일
펴낸곳　　포레스트 웨일
출판등록　　제2021 - 000014 호
주소　　　　충남 아산시 아산로 103-17
전자우편　　forestwhalepublish@naver.com

종이책　　　979-11-93963-65-4

ⓒ 포레스트 웨일 | 2024
· 이 책은 저작권법에 의하여 보호받는 저작물이므로 무단 전재와 복제를 금합니다.
· 이 책 내용의 전부 또는 일부를 이용하려면 사전에 저작권자와 포레스트 웨일의 서면 동의를 얻어야 합니다.

작가님들과 함께 성장하는 출판사
포레스트 웨일입니다.
작가님들의 소중한 원고를 받고 있습니다.
forestwhalepublish@naver.com